GEORG MAGIRIUS

Unterwegs geborgen

Von der Suche nach Heimat

 MATTHIAS-GRÜNEWALD-VERLAG

 Der Matthias-Grünewald-Verlag ist Mitglied der
Verlagsgruppe engagement

Alle Rechte vorbehalten
© 2008 Matthias-Grünewald-Verlag der Schwabenverlag AG, Ostfildern
www.gruenewaldverlag.de

Gestaltung: Finken & Bumiller, Stuttgart
Umschlagabbildung: PhotoCase.com
Gesamtherstellung: Matthias-Grünewald-Verlag, Ostfildern

ISBN 978-3-7867-2702-6

Inhalt

Sehnsucht nach Heimat

Das Kästlein auf dem Nil

Dieses Buch beschwört keine Heimat im gemütlichen Sinn. Wer sich niemals fremd fühlt, kann das Lesen an dieser Stelle getrost beenden, er fühlt sich längst geborgen. Ich freilich hoffe auf eine Geborgenheit, die erst noch kommt. Präsentiert wird eine Fahndungsgeschichte: Ich suche eine Heimat, die an Orts- und Landesgrenzen nicht endet. Sie ist nicht per Vereinsmitgliedschaft, durch gewissenhaftes Pflegen des Vorgärtleins oder das Restaurieren von Fachwerkhäusern zu erringen. Eher nimmt sie ihren Anfang dort, wo etwas fehlt. Ich zumindest fühle mich nicht immer ganz und gar zu Hause. Viele empfinden das als Mangel, ich halte das vermeintliche Defizit für eine tiefe Kraft. Denn die Sehnsucht treibt auf jene Heimat zu, die in der Ferne liegt.

Mit meinem Hoffen auf Heimat bin ich nicht allein. Denn selbst die, die sich auf einem vertrauten Flecken eingerichtet haben, fühlen sich dort nicht immer sicher. Auch wer das Phänomen Heimat wissenschaftlich durchleuchtet, tut es womöglich deshalb, weil er Geborgenheit vermisst. Was fehlt, fällt auf. Wohl deshalb hatten sich in Deutschland über Jahre die Heimatvertriebenen in das Thema eingenistet. Wer fliehen muss, erinnert sich an das, was war, weil das Vertraute und Gewohnte entschwunden ist. Auch die vom neuen, sanften Patriotismus sprechen, fühlen sich vermutlich nicht immer zu Hause. Wer liebend gern die deutsche Fahne schwenkt, tut es am Ende vielleicht deshalb, weil der Boden unter den Füßen schwankt.

Nur, warum haben so viele den Eindruck, Heimat zu vermissen? Es könnte kurioserweise an einem Zuviel an Nähe liegen. Die große, einst endlos anmutende Welt ist geschrumpft. Ich kann Fußabdrücke an so gut wie allen Stellen der Welt hinterlassen. Weit entfernte Länder sind dank Billigreisen nahe gerückt. Auch dann, wenn ich mir die Ferne nicht erfliege und mein Leben nahezu an einem Ort verbringe, kommt mir die Welt nahe. Es genügt ein Mausklick – und schon kommt die Fremde dank des Internets am Schreibtisch an.

Als ich die Schule, später die Universität verließ, war klar: Von vielen Mitschülern und Studienkollegen würde man wahrscheinlich sein Leben über nichts mehr hören. Inzwischen aber braucht es nur ein wenig Geschick, um die Vergangenheit per Suchmaschine unabschließbar zu halten. Ich finde Namen, Adressen und sende an verloren geglaubte Menschen elektronische Nachrichten. Manchmal trifft Sekunden später eine Antwort ein, selbst wenn der Schreiber in einigen Hundert Kilometern Entfernung wohnt. Der dann beginnende Wortverkehr fühlt sich vertraut an wie einst, als man in Cafés stundenlang diskutierte. Dank der elektronischen Verbindungsmöglichkeiten geht so gut wie niemand verloren – gerade dadurch aber kann man sich zuweilen verloren fühlen. Die Nähe nämlich trügt. Zwar suche ich per Sammelmail Bekannte und Freunde sekundenschnell auf, fühle mich dabei aber seltsam im Nirgendwo. Niemand sitzt mir gegenüber, da ist keine Stimme.

In der S-Bahn höre ich, wie sich Menschen verabschieden: »Ich rufe dich an, ich schreibe dir!« Augenblicke später sind sie wieder beieinander – per SMS. Man entfernt sich und ist schon wieder da, aber nicht wirklich. Überall zugleich kann ich mich aufhalten, das Gefühl indessen wächst, nirgendwo richtig, ganz und gar zu sein. Entsprechend verabschiedet man sich oft überhaupt nicht mehr. Denn man scheint an mehreren Orten gleichzeitig sein zu können – und dadurch immer in der Nähe. Ein Bekannter etwa, der fast in der Nachbarschaft wohnt, bricht auf, aber nicht, um einige S-Bahnstationen weiter zu fahren. Er will Monate, vielleicht sogar Jahre, in den USA leben. Was wäre das einst für ein Abschied geworden. Vor 30 Jahren beispielsweise übernahmen wir das Auto, als sich der Patenonkel meines Bruders entschloss, mit seiner Familie für einige Jahre in Südafrika zu leben. Ich zählte wenige Jahre, und doch konnte ich in unserem neuen Auto die Schwere des Abschieds atmen, als ob er für immer sei. Später kamen Briefe, die eine tagelange Reise hinter sich hatten und trotz Luftpostpapier schwer wogen. Sie erzählten von der Fremde. So war das früher. Nun aber ist der erwähnte Bekannte aufgebrochen und ich erhalte einige Tage später ein Rundmail wie nebenbei: Er lebe nun jenseits des Atlantiks. Ich antworte sofort. Bald tauschen wir Geschichten, Gedanken und Ideen aus. Fast will es scheinen: Wir sind vertrauter als zu jener Zeit, als er ein paar Straßen weiter wohnte.

Die Welt ist klein geworden. Das Dorf hingegen, in dem ich lebe, wirkt nun wiederum so, als ob es sich überall befinden könnte. Stünden die Fertighäuser in einem anderen Neubaugebiet des Landes, fiele das kaum auf. Das Warenangebot im Supermarkt ist beinahe identisch mit dem, was ich an der Küste oder in Alpennähe erwarten kann. Ferne und Heimat mischen sich. Einst wurden gute Fremdsprachenkenntnisse im Lebenslauf herausgestellt, das war besonders. Inzwischen wäre es eines Versuches wert, hervorzuheben, *keine* Fremdsprache fließend sprechen zu können. Die Personalabteilung würde womöglich aufhorchen: »Da muss etwas Außergewöhnliches dahinterstecken! Diese

Person wollen wir kennenlernen.« Der Auslandsaufenthalt ist zur Normalität geworden, weil die Welt voller Möglichkeiten steckt. Man kann fast in jedem Land arbeiten, leben, wohnen – so wird es zumindest versprochen. Nur erfahren viele diese Offenheit als Zwang. Beispiel Jobverlagerung: Dem vertrauten Ort soll man den Abschied geben. Will man weiter in ihm wohnen, wird man die Arbeit verlieren. Diese Art von Freiheit fühlt sich für viele wie eine grenzenlose Bodenlosigkeit an. Sie denken: Ich habe das Zepter nicht mehr selber in der Hand. Kaum angekündigt, ohne Begründung können Arbeit- oder Auftraggeber wechseln, sie verschwinden. Wohl dem, der die berufliche Veränderung gut übersteht. Denn mit ihr reißen häufig auch Beziehungen, Familien, ein Freundesnetz auseinander. Man gerät ins Schwanken, vielleicht so, als würde man auf Planken gehen. Die vermeintliche Freiheit entpuppt sich als moderne Form der Sklaverei.

Natürlich erleben das nicht alle so – oder nicht in so entschiedener Form. Angst indessen haben viele. Auch wer sein Leben am lebenslang vertrauten Ort pflegt, fühlt sich dort zuweilen unvertraut, weil sich sehr viel ändert. Der Ortsteil etwa, in dem ich wohne, hat sich in den letzten Jahrzehnten um das Fünffache vergrößert. »Ich kenne nicht mehr alle Bewohner mit Namen«, sagt eine Frau erschrocken, als sie in der Apotheke einkauft. Sie sehnt sich an ihrem Geburtsort nach Heimat – und wehrt sich gegen die Freiheit unendlicher Möglichkeiten, die knechten kann. Man hofft auf eine Geborgenheit hinter all den Chancen, die sich als Forderungen tarnen. Es muss sie doch geben: Eine Gegend, die man loben kann, weil sie es gut mit einem meint. Sie bietet Schutz. Dort regiert nicht die Bitterkeit, sondern Milch und Honig fließen.

Die Sehnsucht nach dem Gelobten Land wächst. Der Wunsch, sich zutiefst wohl und vertraut zu fühlen, gibt es wahrscheinlich immer schon, genauso die Erfahrung, zuweilen fremd am eigentlich doch heimischen Ort zu sein. Jedenfalls erlebte ich das als Kind. »Woher kommst du?« Auf diese Frage konnte ich damals kaum, auch heute nur schwer Antwort geben. Die Entgegnung fächert sich in Geschichten auf, die bei meinen Großeltern beginnen. Sie stammen aus unterschiedlichen Landstrichen, aus Hessen, Franken, Sachsen, Westpreußen. Meine Mutter kennt Berlin genauso gut wie das Badische. Mein Vater wiederum hat die ersten Jahre in Sachsen verbracht, aber sein fränkischer Akzent verrät, dass er bei seinen Tanten unweit von Nürnberg aufgewachsen ist. Geboren bin ich im südlichen Hessen, um schon bald täglich mit dem Zug zur Schule im benachbarten Bundesland zu reisen. Wenn ich wütend bin, hört man meine südhessische Sprachmelodie noch heute. In Hessen aber werde ich kaum als Hesse wahrgenommen, weil sich meine Eltern wahrscheinlich nie recht assimilieren konnten oder wollten. Hätten sie sich besser integrieren müssen, die südhessische Aussprachenschule besuchen sollen? Lebten wir in einer Parallelgesellschaft? Ich jedenfalls frage mich heute noch: Wo bin ich eigentlich zu Hause?

Inzwischen lebe ich auf der Grenze einer großen Neubausiedlung, die am Rand des Spessarts ausgewiesen wurde. Meine Frau fand dort Arbeit – oder es fand sich Arbeit für sie, so viel gab es da nicht zu wählen. Ganz zu Hause bin ich dort nicht. Als ich in jenen Ort fremd eingezogen war, kam mein berufliches Agieren ins Stocken. Es stand fast auf dem Abstellgleis. Dabei fährt durch diesen Ort kein Zug, das heißt, es gibt einen Bahnhof, er liegt aber im Wald, zu erreichen auf einem Pfad, dessen Asphalt unzählige Verwitterungsspiele erkennen lässt. In der Dunkelheit muss man den Weg nahezu ertasten, der Sternenhimmel kann helfen. Das klingt idyllisch – und ist es manchmal auch. Nur halten Züge am Waldbahnhof selten. Dafür gibt es in unserem Ortsteil eine Bus-Endhaltestelle, die zu einem Anfang werden kann. So breche ich gelegentlich auf, um aus der Siedlung nahezu fremd wieder

auszuziehen. Dann pilgere ich in die Stadt zu meiner Arbeits-
stätte mit integrierter Übernachtungsmöglichkeit. Ich pendle.
Wo also bin ich wirklich zu Hause? Am ehesten vielleicht auf dem
Weg, im Dazwischen.

Meine Wohndaten sind natürlich nichts gegen die Geschichten
derer, die zwischen Ländern pendeln, Wochenendbeziehungen
pflegen oder ihre Familien über mehrere Monate nicht sehen.
Das ist fast schon üblich. So leuchtet es ein, dass die Heimatsehnsucht wächst – gerade weil es schwer ist, eine innige Bezie-
hung zu seiner Umgebung aufzubauen. Das lässt sich am
Fußball illustrieren. Als Kind war ich trotz meiner offenbar as-
similierungsunwilligen Eltern von der ortsansässigen Fußballelf
begeistert. Ich besaß eine Fahne in Blau-Weiß, von mir selbst be-
druckt im Textilunterricht. Meine zuweilen aufsteigende Ort-
losigkeit spürte ich damals schon: Ich traute mich nicht, die
Fahne auf der Tribüne des Dorfvereins auszuwickeln. So viel Hei-
matgefühl hatte ich dann doch nicht, um bei einem Fußballspiel
der drittletzten Liga Flagge zu zeigen. Aber ich sehnte mich wohl
sehr nach Heimat, denn ich war der einzige unter den Zuschau-
ern, der überhaupt eine Vereinsfahne mit sich führte. Was nun
folgt, soll der fußballuninteressierte Leser am besten überschla-
gen und auf Seite 15 weiterlesen. Es wird eine Liste der Vereine
präsentiert, mit denen ich sympathisiere. Ich verfolge ihre Er-
folge und Abstürze bis zum heutigen Tag mit parteiischem Inte-
resse. Ich behaupte, dass ich zumindest kein vollkommen inkon-
sequenter Mensch bin. Die Länge der Liste aber erzählt, dass sich
meine Konsequenz offensichtlich nicht in meiner sportlichen
Anhängerschaft offenbart. Zuerst schwärmte ich für Borussia
Mönchengladbach, die Mannschaft fiel mir in der Sportschau
auf. Ein dänischer Spieler hatte herrlich lange Haare. Außerdem
galt es, meinen älteren Brüdern nicht alles nachzumachen, die
damals den FC Bayern München feierten. Einem nicht ernst zu

nehmendem Flirt mit dem Hamburger Sportverein folgte der erste Besuch eines großen Fußballspiels. Es geschah am Böllenfalltor. Die von den Fans liebevoll gerufenen *Lilien* vom SV Darmstadt 98 blühten so sehr auf, dass sie gar versuchten, in der Ersten Fußballbundesliga Wurzeln zu schlagen. Die Folge: Im Textilunterricht druckte ich nicht nur die bereits erwähnte Fahne für den Dorfverein, sondern strickte auch noch einen Schal, ebenfalls in Blau-Weiß, diesmal für den Bundesligaaufsteiger aus Darmstadt. Diese Sympathie hält bis heute – trotz dessen mitunter kläglichen Versuchen, nicht in das Niemandsland unterer Ligen zu verschwinden. Nach und nach begann ich, mit dem »Club« zu fiebern, dem 1. FC Nürnberg. Der fränkische Einfluss meines Vaters zeigte Erfolg. Zudem musste ich ein Gegengewicht dazu legen, dass sich meine Mitschüler in der in Rheinland-Pfalz gelegenen Schule aus Prinzip gegen jegliche Klassenreise in eine ihnen so schrecklich fremd anmutende Gegend wie Franken wehrten. *Sie* hatten wahrscheinlich noch treue Heimatgefühle: Jeder Ausflug endete nach meiner Erinnerung im Pfälzer Wald. In mein Anfeuern für den »Club« mischten sich bald freundliche Zurufe, die der SG Eintracht Frankfurt galten. Viele Besuche im Waldstadion hatten mich nicht kalt gelassen. Die typischen Studienstädtlein, in denen ich danach verkehrte, besaßen große Bibliotheken, aber keine Bundesligaklubs. Überschaubare Stadionränge waren es, auf denen meine Füße nunmehr standen. VfB Marburg und FV Wehrda empfingen mich, in der westfälischen Bischofsstadt folgte Preußen Münster, schließlich der SV Sandhausen, der im Pokal einmal mit 13:12 nach Verlängerung und im Elfmeterschießen den VfB Stuttgart besiegte, dazu schaute ich der SG Heidelberg-Kirchheim zu. Als ich mich predigend in Dorfkirchen im Vogelsberg wiederfand, war ich noch häufiger als in der Kirche auf den oft wunderbar gelegenen Rasenplätzen zu finden: SV Alsfeld 06, SG Berfa-Elbenrod, SV Altenburg-Eudorf.

Dazu strampelte ich per Fahrrad vom Rand des Vogelsbergs zu den ersten Höhen des Knüllgebirges, um den dortigen, damals überraschend hoch spielenden SC Neukirchen in der Knüll-kampfbahn zu besuchen. Wieder in Frankfurt, als mein Radio- und Schreibleben begann, gewann erneut die dortige Eintracht die Oberhand, dazu gesellte sich der direkt in meiner Nachbar-schaft, am Brentanobad spielende 1. FFC Frankfurt mit Birgit Prinz, der dreimaligen Weltfußballerin des Jahres. Die gleichen Grashalme berührten auch regelmäßig die Spieler von Rot-Weiß Frankfurt. Und jetzt? Mein Wohnort am Fuße des Spessarts hat mich die Nähe zur Viktoria aus Aschaffenburg entdecken lassen, dazu betrachte ich das Fußballgeschehen in Fußentfernung: Ich verfolge, wie die Spieler der TSG Mainflingen und des SV Zell-hausen über die Rasenfläche rennen, rackern und zuweilen sogar zaubern. Und wie endet das Fußballlied? Am Montag ver-gesse ich nie, das Ergebnis vom SV 07 Nauheim, dem Ursprungs-dorfverein, zu recherchieren.

Die zunehmende Ortsungebundenheit trifft auch die Vereine selbst. Das Spieler- und Trainerkarussell dreht sich rasant. Nicht anders als Siedlungen und Supermärkte ähneln sich inzwischen auch die Stadien, alle heißen sie Arena und sehen aus, als dürften sie sich kaum noch unterscheiden. Die Mannschaften wirken ebenfalls austauschbar und werden durcheinander gewirbelt. Wenn sich ein Spieler zwei Jahre in einer Mannschaft hält, ist das beachtlich – gleiches gilt für einen Trainer. Der wiederum holt sich nach jedem Vereinswechsel neue Spieler. Gibt es das über-haupt noch – eine Heimat, die an einen Ort oder Verein gebun-den ist? Da sind glücklicherweise die Fans, die anders als ich zu-weilen jahrelange Vereinstreue kennen. Nur tönen in jedem Stadion gern die gleichen Gesänge, allein der Vereinsname wird in ihnen variiert. Dennoch wirkt ihre Treue wie ein Hoffen darauf, dass es noch Heimat gibt. Aber selbst sie können inmitten ihrer steten Verbundenheit eine kuriose Fremdheit erleben. Ein Freund etwa, der die ersten Jahre in der Nähe von Frankfurt aufgewachsen ist, hängt der Eintracht an, entschiedener und intensiver als ich. Nur war er bis zu seinem 35. Lebensjahr bei keinem einzigen Heimspiel dabei. Noch als Kind hatte er Hessen verlassen, als Student besuchte er die Mannschaft dann bei Auswärtsspielen. Manchmal frage ich mich: War das Absicht? Denn womöglich gehört er zu denen, die ahnen, dass die wahre Heimat noch in der Ferne liegt. Als er erstmals das Stadion in Frankfurt besuchte, war es schon zur WM-Arena umgebaut. Das alte, bis dahin sogenannte Waldstadion konnte ihm dadurch gelobte Heimat bleiben, da er es nie betrat. Er kennt es nur aus Zeugenberichten, legendenartigen Erinnerungen und Träumen.

Die Heimat ähnelt häufig einem Traum, weil man sie vermisst. Geborgenheit lässt sich nicht herbeibefehlen. Dass sie fehlt, rede ich nicht schlecht. Auch schäme ich mich der Länge der Liste der Fußballmannschaften nicht, für die ich Sympathie empfinde. Ich glaube vielmehr: Das Gefühl, nirgendwo ganz zu Hause zu sein, kann ein Reichtum sein. Er birgt in sich eine Kraft, die aufbrechen lässt aus Zusammenhängen, die knechten wollen. »Ist doch alles in Ordnung!«, heißt es oft: Man könne nichts ändern, müsse sich arrangieren und sich in die Gegebenheiten einfinden. Ich aber will nicht vorschnell heimisch werden. Ich will mehr, viel mehr, weil sich die tiefe, paradiesische Geborgenheit nicht einzäunen und mit Gartenzwergen garnieren lässt. Meine Heimatsehnsucht ist nicht zwergenhaft, sondern riesengroß. Vielleicht lässt sie sich nie ganz stillen, verraten aber will ich sie nicht, mein Leben würde ansonsten klein.

Die Figur des Mose zieht mich an. Er verbrachte fast sein ganzes Leben im Dazwischen. Anders als er bin ich nicht oft in fremde Länder gereist, habe auch noch nie in einem gelebt. Meine Versuche, andere Sprachen zu erlernen, waren eher quälend.

Trotzdem fühle ich mich im Unterwegssein wiederum ganz wohl. Wenn jemand aus einem anderen Land in die Klasse kam, ging ich neugierig und ohne Scheu auf ihn zu. Im Studium, während meines Lebens im Wohnheim, ließ ich mir stundenlang von Menschen aus ihrer fernen Heimat erzählen. Mit wachem Ohr will ich mich auch in die Geschichte Moses vertiefen, der zwischen den Kulturen aufgewachsen ist und aufbrach, um ewige Heimat zu finden. Ich begebe mich in seine Geschichte. Denn sie kann leiten bei der Suche nach einer Geborgenheit, die paradiesische Züge trägt. Wer Moses Weg folgt, braucht sich seiner Fremdheitsgefühle nicht zu schämen. Er, von dem die Bibel auf hingebungsvolle Weise erzählt, fühlt sich nie ganz zu Hause. Mose und das hebräische Volk waren in Ägypten, wo sie lebten, nicht sicher – oder nur auf Kosten von Krankheit, Unterdrückung, Willenlosigkeit. Der Boden unter ihren Füßen schwankte. Sie brachen auf, um festen Boden unter ihre Füße zu bekommen.

Es war gefährlich, ein großes Wagnis. Viele Jahre zogen sie durch die Wüste. Dass es so lange dauerte, wussten sie am Anfang nicht. Warum gaben sie nicht auf, als das Erhoffte auf sich warten ließ? Ich glaube, sie ließen von ihrer Sehnsucht nicht, weil ihnen auf dem Weg schon Wunderbares begegnete. Inmitten der Entbehrung spürten sie zuweilen, wie tief die künftige Heimat sie bergen würde. Dann wuchs die Kraft – und mit ihr die Sehnsucht, eines Tages dieses Land zu erreichen. Was sie an Geborgenheit auf dem Weg erlebten, trägt symbolische Züge. Manches davon, wie etwa das Manna, ist sprichwörtlich geworden. Die Symbole aus dieser Wander- und Wüstengeschichte lassen auch heute noch Geborgenheit ahnen – was immer dann geschieht, wenn man zu hoffen wagt. Sie sind nicht veraltet, ihr Alter hat sie nur kräftiger werden lassen. Sie trösten und stärken – gerade Menschen, die sich wacklig auf den Füßen und nicht immer heimisch fühlen.

Ich vergegenwärtige die Symbole in diesem Buch, indem ich theologisches Wissen einfließen lasse. Dazu treten gesellschaftliche Beobachtungen. Und doch erzähle ich auch von mir selbst. Das mag daran liegen, dass ich enttäuscht bin, wenn manche theologische Autoren religiöses Wissen von sich geben, ich hinter ihren Kommentierungen aber kein individuelles Gesicht entdecken kann. Das Gesagte kommt mir dann nicht nahe. Wenn ich in die Bildwelt der Bibel sinke, treffe ich so gut wie nie auf eine Distanzierungsprosa. Ich erschrecke, werde wütend, staune, bin oft unmittelbar getröstet. Der Bibel gelingt es, mich tief in meinem Innern zu berühren – gerade mit einer sehnsuchtsvollen Geschichte wie der des Mose. Vielleicht entlässt das große Geheimnis des Lebens eine Ahnung, wenn Menschen für das Hoffen persönliche Worte suchen. Ich jedenfalls beginne den Pulsschlag einer visionären Kraft am ehesten zu fühlen, wenn ich höre, wie sich jemand zu seiner Traumlust bekennt. Er gewinnt in meinen Ohren auf ganz natürliche Weise Autorität, anders als ein Referent, der sich auf andere Autoritäten beruft. Ich glaube: Biblische Symbole können an Farbe gewinnen, wenn man beginnt, in sie hinein zu wandern. Die Schritte müssen nicht ausgetreten, abgesichert oder von einer Mehrheit abgesegnet sein, sie dürfen ein vorsichtiges und wagemutiges Tasten sein. So begebe ich mich auf den Weg. Womöglich erfährt man dadurch mehr vom Hoffnungsdurst der hebräischen Wandergesellschaft, als wenn ich eine Abhandlung über die anziehende Kraft des Gelobten Landes servieren würde.

Schon wie die Geschichte des Mose beginnt! Er wird in Ägypten als Hebräer geboren, er gehört zu jenem Volk, das leidet, geschlagen und gefoltert wird. Die Hebräer lebten in der Fremde, fühlten sich fremd. Sie waren aber nicht schwach. Die Kinder, die geboren werden, sind so kräftig, dass die Sklaventreiber Angst bekommen, weil das Volk wächst. Die Neugeborenen sollen also getötet werden, der Mutter des Mose aber gelingt es, ihr Kind nach der Geburt zu verstecken. *Als sie ihn aber nicht länger verbergen konnte, machte sie ein Kästlein von Rohr und verklebte es mit Erdharz und Pech und legte das Kind hinein und setzte das Kästlein in das Schilf am Ufer des Nils* (Exodus 2,3). Das Kind, dem Tod geweiht, hat keinen Boden unter seinen kleinen Füßen. Das Kästchen freilich schwimmt, obwohl es keinen Ort für Mose zu geben scheint. Heimatlosigkeit. Dann wird er gefunden, ausgerechnet von der Tochter des ägyptischen Herrschers. Das Baby schreit – es ist allein und ungeborgen. Eine Fremde aber sieht das fremde Kind: Es soll leben. Mose wächst zwischen den Kulturen auf, er stammt aus einem Sklavenvolk, wird aber im Haus der Sklaventreiber erzogen. So erklärt sich, dass er sich auch später inmitten der eigenen Leute fremd fühlen konnte. Das aber nährt nur seine Sehnsucht, die nicht untergehen sollte. Denn die Mutter hat das Kästlein wasserdicht gemacht. Wer heute das Gefühl hat, nie recht ans Ufer zu gelangen, ist noch lange nicht verloren. Das können die bestätigen, die über Bootserfahrung verfügen. Es gibt ein Gefühl von Geborgenheit – mitten auf dem Wasser. Natürlich schwankt eine Jolle gehörig, das merkte ich, als ich mich vor vielen Jahren für den *Sportbootführerschein Binnen* abmühte. Es wackelt, man muss balancieren, wenn man sich auf einem Segelboot bewegt. Dazu die Böen, das Krängen des Bootes, Gefahr! Ich bin schon gekentert. Aber es gab auch Tage mit einer steten Brise, die ich sehr genoss. Da war nicht viel zu tun. Der Bodensee mit seinen Bergen lächelte. Dann streckte ich mich auf dem Vorderdeck aus, das Vorsegel gab Schatten. Ich schaute zu den Gipfeln auf. Der Fahrtwind glitt zwischen Haupt- und Vorsegel hindurch, strich sanft über meinen Rücken. Sicherheit mitten auf dem Wasser. Mose ging nicht unter, denn das Kästlein schwamm.

Unvergängliches Feuer

Der brennende Dornbusch

Sein Leben schien am Ende, dabei hatte es noch gar nicht recht begonnen. Mose, inzwischen ein junger Mann, hatte geheiratet, lebte in einer Kleinfamilie, ein Sohn war ihm geboren. Der Name freilich, den er seinem Kind gab, zeugt von einer aufgewühlten Seele. *Und er nannte ihn Gerschom; denn, sprach er, ich bin ein Fremdling im fremden Lande* (Exodus 2,22). Mose lebte nun in Midian und fühlte sich wie ausgebrannt. Schon in Ägypten hatte er kaum einmal vertrauten Boden unter seinen Füßen gespürt, den er dann auch noch verlassen musste. Und das war so gekommen: Der abgezirkelte, ägyptische Klub der Reichen, Schönen und Mächtigen war Mose nicht genug gewesen. Er, der Adoptivägypter, wagte sich hinaus, um nach seinen hebräischen Brüdern zu schauen, die als Sklaven lebten. Als einer geschlagen wurde, loderte in Mose ein Feuer auf. Er schlug den ägyptischen Peiniger, der starb. Schrecklich genug. Noch schlimmer aber war: Die Hebräer verspotteten ihn, obwohl er ihnen zur Seite hatte stehen wollen. Ablehnung erfuhr er auch von seiner Adoptivfamilie: Der Pharao, dessen Tochter Mose einst im Kästlein auf dem Nil entdeckt hatte, wollte ihn töten. Der Ziehsohn floh aus Ägypten in ein Land, das ihm noch fremder war. Und Mose glaubte, es sei für immer.

Nicht jeder, der in sich ein Feuer spürt, wird zum Schläger. Trotzdem kennen viele den Schmerz, mit ihrer Leidenschaft keine Heimat finden zu können, kaum einmal Verständnis. Mose wurde ausgelacht, nur weil er sich nicht daran gewöhnen konnte, dass Menschen gefoltert werden. Der Wunsch, mit seinen Ideen von den Nächsten anerkannt zu werden, lief ins Leere. Abgelehnt. Bis heute hoffen viele, nicht anders als Mose, mit ihrem Enthusiasmus gesehen zu werden. Oft ernten sie ein müdes Lächeln oder hören, dass sich ihr Eifer nicht in die gegenwärtige Zeit füge. Vor vielen Jahren entschloss ich mich, Reportagen und Geschichten an Redaktionen und Verlage zu schicken. Wie ich vorzugehen hatte, verriet mir eine Broschüre, die ich bei einer Medienakademie erwarb. Dort las ich: Der freie Autor kann bestehen, falls er in der Lage ist, mit Absagen gelassen umzugehen. So fing ich an. Ab und zu freute ich mich über eine Zusage, oft kamen genormte Antwortbriefe, einige Male auch welche mit beißendem Spott. Dann wollte es mir nie recht gelingen, die Achseln zu zucken, wie die Broschüre es empfahl. Auch meinem Gesicht das Mienenspiel auszutreiben und es zu härten, schaffte ich nicht. Wäre es gehärtet, hätte ich womöglich ins robuste Verhandeln einsteigen können, genauso klobig aber klänge auch mein Schreiben. Ich dagegen wollte und will bis heute rühren, berühren und mich meines Feuers nicht schämen. Ich will das Gängige mit zündenden Ideen überlisten. So suchte ich für mein Schreiben ein Haus. Innerhalb der Wörterbranche stieß ich freilich häufig auf Kollegen, die mich an ein Streichholz erinnerten, deren Zündkopf abhanden gekommen war. Und zu dieser Formulierung hätten sie gesagt: »Bitte nicht wieder solche Metaphern!« Ihre Augen zeigten in Richtung Tür. Ich aber hatte Glück, fand Zuflucht im Land Midian. Immer wieder gaben mir Verlage, Zeitungen und Sender Asyl.

Nicht nur freie Autoren erleben das: Oft erhalten züngelnde Flammen keinen Sauerstoff. Dass ein Mensch womöglich eine Bestimmung haben könnte, wird gern ins Land der Fabeln verwiesen. Die Vorstellung, dass man von innen heraus leuchten kann, scheint aus den Köpfen verbannt zu werden. In einem Beruf heimisch werden wollen? »Zu hoch gegriffen!«, wird dieser Wunsch kommentiert: »Das Machbare anstreben!« Als ob das Leben etwas sei, das sich machen ließe. Beruf und Berufung seien nun mal nicht deckungsgleich, lese ich in der Zeitungsrubrik *Beruf und Chance*. Chancen hat demnach, wer nicht zu sehr auf eigene Gelüste hört. Manche aber wehren sich, sind störrisch, glauben auf altertümliche Weise, dass etwas oder sie selbst noch glänzen können. Absagen erhalten viele, nicht wenige halten trotzdem am Träumen fest – oder an der Sehnsucht, eines Tages wieder träumen zu können. Vor einigen Jahren hatten Arbeitslose noch das Recht, Stellenangebote abzulehnen, falls sie nicht ihrem eigentlichen Beruf entsprachen. Inzwischen wird so gut wie jedes Angebot als zumutbar gerühmt. Der im Menschen selber liegende Mut, der ihn verwandeln kann, ist dagegen weniger gefragt. Stattdessen werden viele in etwas gezwängt, das allen Mut vergessen lässt. Volkswirtschaftlich gesehen mag das auf den ersten Blick sinnvoll sein. Auch kann Arbeit mehr bedeuten, als einer Berufung zu folgen, das will ich nicht leugnen. Sie kann natürlich am Leben erhalten, sie lässt einen nicht verkümmern, gibt vielleicht Halt, kann ablenken und einen in eine neue, gute Gewohnheit weisen. Man muss Arbeit nicht gleich Bestimmung nennen.

Nur vermisse ich oft Menschen, die ein inneres Feuer ahnen lassen. Meine Sehnsucht danach wächst in dem Maße, wie innere Dämmerzustände als üblich hingenommen werden. Wie viel Glühen wurde schon ausgetreten? Wer wagt es noch, sich selbst und seine großen Wünsche ernst zu nehmen? Dank Beratungszentren und Weiterbildungskursen entfernt man sich mitunter von dem, was längst in einem steckt und lebendig werden könnte, wenn man es nur entfalten würde. Stattdessen richtet man sich ein und lässt sich auf vieles ein. Denn es lockt das Geld, dazu hofft man auf eine Arbeitsstätte, die unter Freunden und Bekannten Anerkennung garantiert. Auch ich war einmal dort. Bei Nennung des nicht unbekannten Hauses hoben sich die Augenbrauen der Zuhörer respektvoll, dabei hatte ich noch kein Wort darüber gesagt, was ich an diesem Platz überhaupt tat. Ich saß in einem Sender an einem Tisch, der eigens mir gewidmet war. Damit hatte ich zugleich das Recht, in einer Schublade meine Lieblingskekse zu platzieren. Die Wand, auf die ich oberhalb des Computerschirms schauen konnte, hatte ich mit Fotos gemustert. Regte sich die Lust auf Eis, stieg ich die Treppe hinab und fand es in der Kühltruhe der Kantine. Dann spazierte ich zurück und setzte mich wieder – genussvoll – an die Arbeit. Anfangs empfand ich das Sitzen in diesem Haus wie eine Art Heimat, denn ich musste meine Begeisterung nicht leugnen, die besagt: Ich will inmitten gängiger Wörterfluten möglichst nur dann Sätze von mir geben, wenn sie ein Glühen verraten. Obwohl meine Dienste zunahmen, begann ich langsam zu ahnen: Was in jenem Funkhaus flackert, wird das in mir liegende Glühen nicht dauerhaft nähren können. Ich hatte mich in der Sparte Hörfunk angesiedelt, nur irritierte mich: So gut wie alle Mitarbeiter schauten auf Computerbildschirme. Fast schien das Ohr für Hörfunkjournalisten nebensächlich zu sein. Die Räume etwa, in denen man mit dem Klang allein, also ohne Computer und Auge arbeitete, nannte man *Abhörzellen*. Offenbar hatte man sie mit Absicht so getauft, es klang nicht gerade respektvoll. Diese Zellen lagen versteckt, waren fensterlos und meist unbesetzt – anders als die vielen Zimmer, die mit Computerschirmen ausgestattet waren. Dort regierte ein stets kühles Flimmern, das einen verzehren kann. Dieses Flackern, der allgegenwärtige Computer, bestimmt natürlich nicht nur das Hörfunkleben, sondern kriecht oft bis in die letzten Verästelungen des Alltags hinein. So viele mailen, chatten, surfen, kaufen ein – im Angesicht der Apparate, die selten ausgeschaltet werden. Und am Abend eines Computertages spüre ich nicht selten grenzenlose Erschöpfung, wie ausgebrannt fühlt sich der Bildschirmgucker.

Ich nehme also selbst an diesem matten Bildschirmflirren teil, tippe meine Wortpassagen in den Computer, wenn ich nicht gerade per Hand Briefe schreibe. Trotzdem hoffe ich noch auf ein anderes Glühen, das von der Bildschirmwelt unabhängig leuchten kann. Auch im Hörfunksender damals hatte ich die Hoffnung darauf nicht aufgegeben, als immer kuriosere Dinge geschahen. Die EDV-Abteilung schien sich zum eigentlichen König aufzuschwingen, manche Hörfunk-Redakteure sattelten zuweilen um, fungierten bei Computerschulungen als Ausbilder. Sie sahen das überraschenderweise fast schon als Beförderung und Auszeichnung an, wenn sie monatelang das Update vorbereiteten, um dann Schneide- und Speicherprogramme den Kollegen in Kursen darzulegen. Meine Begeisterung freilich, inneren Bildern, auch Hörbildern zu folgen, kam in dem Sender immer weniger zum freien Züngeln. Sie fühlte sich in dieser Umgebung fast fremdländisch an. Beinahe im Sekundentakt galt es, eingehende Nachrichten zu sichten. Das Weltgeschehen flackerte per Meldung am Bildschirm auf und ich legte es in Raster ab. Bestimmt erfährt die Welt nicht an vielen Orten, so überschaubar und ordentlich gehalten zu werden. Und dann? Eine Formatierungswelle erbrach sich über das Programm, für das ich überwiegend arbeitete: Musik, Stimmen, Stimmungen hatten fortan ebenmäßig und stets wieder erkennbar zu klingen. »Warum klingt das so kühl?«, fragte ich. Das Echo blieb nicht aus: »Wann endlich nähern Sie sich den Menschen sachgemäß?« Das hieß Abschied. Er ähnelte einer Flucht, vielleicht war das nicht anders als bei Mose, der sich infolge seines inneren Feuers nicht heimisch fühlen konnte. Ich aber hoffte, mein Glühen nicht verraten zu müssen – und war nach meinem Weggang zunächst wie ausgebrannt.

Mose floh und kam ins Land Midian, er befand sich quasi im Nirgendwo, ein Fremdling im fremden Land. Der Priester nahm ihn auf und Mose heiratete dessen Tochter Zippora. Am Hofe einer Weltmacht war er aufgewachsen, nun hütete er die Schafe des Schwiegervaters. Ein Totschläger – am Ende der Welt. Aber Mose war doch noch jung! Nur, was hatte er in seinem Leben eigentlich zustande gebracht? Einen Menschen erschlagen. Was sollte jetzt noch kommen? Nicht einmal auf eigenen Beinen stand er, da er auf die Hilfe seines Schwiegervaters angewiesen war. Nach Ägypten konnte er nicht zurück, die eigenen Geschwister sah er nicht, Mose hütete Schafe und Ziegen, er trieb sie über die Steppe hinaus und gelangte an einen großen Berg. *Und der Engel des Herrn erschien ihm in einer feurigen Flamme aus dem Dornbusch. Und er sah, dass der Busch im Feuer brannte und doch nicht verzehrt wurde* (Exodus 3,2). Dieses Feuer brannte, aber verbrannte nichts, ein Züngeln, das den Dornbusch am Leben ließ, es war unauslöschlich wundersam. Mose näherte sich ihm, in seinem Inneren also schien noch etwas zu glimmen, da er sich locken ließ heranzutreten. Und ich? Ich folge ihm. Denn der brennende Busch mutet mich mächtiger an als das unaufhörliche Computerflimmern, das einen oft verzehrt. Ein wundersam belebendes Feuer wie das im Busch hatte ich im Funkhaus dauerhaft nicht finden können.

Nach meinem Abschied war ich nur noch selten dort. Fast immer arbeitete ich in meinem Wohnzimmer, das kein Wohnzimmer im üblichen Sinne war, sondern das Zimmer, in dem ich eben wohnte. Auch dort war ein Computer, seine Größe hatte ich überschaubar gehalten, damit er nicht zum König des Zimmers werde. Einmal geriet das Computerbild in ein heftiges Flackern, es zischte, der Bildschirm erlosch. Die Festplatte aber lebte noch. Auf ihr lagen die Anfänge eines Buches, das sich ein Verlag erhoffte. Was tun? Ich rief das Schriftbild meiner Geschichten, die das Fenster meines Computers nicht mehr zum Leuchten bringen konnte, im Funkhaus auf. Am ehemaligen Arbeitsplatz waren inzwischen meine Fotos von der Wand abgehängt. Freundlicherweise gestatteten mir die Kollegen von einst, die Festplatte meines tragbaren Apparates an den dortigen Bildschirm anzuschließen. Als ich die Geschichten gespeichert und gesichert hatte, ließ ich meinen erloschenen Computer dort. Im Nachhinein wirkt er auf mich wie ein hinterlassenes Bekenntnis: Der bildschirmlose Apparat gleicht meiner Sehnsucht nach einem Leuchten, das von innen kommt. Er birgt in sich Geschichten und Bilder, die überleben werden – unabhängig vom coolen Bildschirmflackern. »Den Computer kann ja noch die EDV-Abteilung ausschlachten«, hörte ich. Monate später kam ich wieder einmal in den Sender, mein Notebook war in der Schublade geblieben, in der früher meine Lieblingskekse lagerten. Womöglich befindet es sich dort heute noch.

Menschen, die ihre Begeisterung nicht zügeln können und für ihr inneres Feuer eine Heimat suchen, müssen zuweilen aufbrechen oder fliehen. Sie geraten in abgelegene Gegenden, die in den Reisejournals der Zeitungen keine Erwähnung finden. So erging es Mose, der die Schafe nicht auf üppigen Auen hütete, sondern in der Steppe, in Midian. Er stieß auf ein Feuer, das kraftvoll war. Wo lässt es sich heute finden? Elektrisches Licht lockt mich kaum, auch wenn Stromkonzerne werben, es würde so gut wie ewig brennen. Auf dem Friedhof sind bisweilen elektrische Kerzen zu finden. Im Angesicht der Gräber beleben mich indes nur welche, die aus Wachs gegossen sind. Obwohl ihre Flammen gefährdeter und endlich sind, ahne ich einen Hauch von Ewigkeit, anders als bei den Attrappen, die dank Batterie unaufhörlich zucken im streng genormten Takt.

Mir scheint, Kerzenlicht *konkurriert* sogar mit elektrischen Lampen, die dem Betrachter Tag für Tag entgegenblinken. Eine Kerze entfaltet ihre Wirkung erst, wenn die Lampen Pause haben. Das leuchtet besonders in der Advents- und Weihnachtszeit ein. In meiner Erinnerung ist unauslöschlich aufbewahrt: Die Lampen wurden ausgeschaltet und die sagenhafte Macht eines anderen, unerklärlichen Lichts kam frei. Kindliche Ahnung, Gewissheit, eine Urkraft, in der ich mich heimisch fühlte. Es gibt ein Brennen, unvergänglich. Das ist wahr und wird von alters her besungen: Tief ist die Dunkelheit, zärtlich und gewaltig das Licht. Am großen, rechteckigen Esstisch bastelten wir Laternen. Meine älteren Brüder hatten sie lange vor mir fertig, ich war ja noch sehr klein. Sie halfen mir, bis die Laternen von dem Geheimnis künden konnten, in das ich fortan mit kindlichem Eifer versinken sollte. Gelänge es mir heute, das Kind von damals in mir zurückzurufen, wäre ich am Ziel, was sollte das denn übertreffen können? Die Brüder jedenfalls platzierten ein Teelicht in die Laternen. Das Transparentpapier begann, seinen Namen zu ehren, schön schien das Licht durch das Farbenpapier hindurch, ein Schimmern sank in meine Augen, tief in mich hinein, um sich dort mit jenem Glühen zu verbinden, das einen Menschen von innen nährt.

Ein anderes Mal malten wir als Kinder in der Schule mit Wasserfarben eine Höhle, darin eine einzige Kerze. Sie war der Mittelpunkt. Von ihm aus wurde das tiefe Gelb Kreis um Kreis, Borstenpinselstreifen um Borstenpinselstreifen heller, bis man an einem mit klarem Wasser aufgetragenen Streifen angelangt war. Am Höhlenrand dagegen herrschte tiefes Schwarz, das sich Nuance um Nuance zur Mitte hin abschwächte, bis es den wasserklaren Streifen erreichte. Als ich den Pinsel zur Seite legte, staunte ich:

Ein winzige Flamme kann einer dunklen Höhle wunderbares Licht verleihen. Auch ein Adventskranz kommt zur Geltung, wenn es ansonsten dunkel ist. Zündet man die Kerzen an, muss der tätige Mensch ruhen, das unaufhörliche Kruschteln hört auf, er kann auch nicht lesen, sondern nur noch schauen. Selbst der Computer schweigt und flimmert nicht, der Kerzenglanz käme sonst nicht frei. Dieses Leuchten ist ein König, der mit Stille regiert. Er erzählt von einer Heimat, in der man sich für seine Leidenschaft nicht schämen muss.

Mose, ein Gescheiterter und Heimatloser, wurde vom brennenden Dornbusch angezogen. *Als aber der **Herr** sah, dass er hinging, um zu sehen, rief Gott ihn aus dem Busch und sprach: Mose, Mose! Er antwortete: Hier bin ich. Gott sprach: Tritt nicht herzu, zieh deine Schuhe von deinen Füßen; denn der Ort, darauf du stehst, ist heiliges Land!* (Exodus 3,4.5) Gott zeigt sich im Feuer, er glaubte noch. Woran glaubte Gott? Er hoffte, dass die Leidenschaft in Mose noch nicht erloschen sei, mochte sie sich auch tief zurückgezogen haben. Gott blies die Glut in ihm an, indem er sprach: »An Folter, Knechtschaft und Sklaverei brauchst du dich nicht gewöhnen, Träume erfüllen sich. Und wer sich fremd fühlt, wird Heimat finden, in der Milch und Honig fließen.«

Gottes Rede von der Geborgenheit klang schön, nur wagte Mose nicht, ihr zu trauen. Zu oft war ihm empfohlen worden, sich weiterzuentwickeln, womit gemeint war: Sich mit der Mehrheitsmeinung arrangieren, die besagt: Man muss sich im Leben einrichten, seinen Platz finden, sich dann setzen und sitzen bleiben. Das klang kalt. Die Worte Gottes aber wärmten ihn. Mose zog die Schuhe aus, um das heilige Land, von dem Gott erzählte, unter seine Füßen zu bekommen. Und die Stimme sprach: »Ich habe die Leiden meines Volks erkannt. Niemand muss sich an den Schmerz gewöhnen. Wer Tränen kennt, ist ein Mensch, wie ich ihn liebe. Denn er sehnt sich noch.«

Mose stand barfuß im heiligen Sand. Auch in Moscheen oder bei Muslimen in der Wohnung werden die Schuhe ausgezogen. Meist empfangen Teppiche die Füße. Auch in nichtmuslimischen Stuben gilt vielfach diese Sitte, zuweilen tönt es aber bereits beim Eintreffen aus der Sprechanlage heraus: »Schuhe aus!« Dann finden meine Füße selten weiche Stoffe, heimisch fühlen sie sich nicht. Natürlich will ich mit meinen Straßentretern kein Parkett zerstören. Dennoch komme ich ins Grübeln: Warum wählen manche Hausbesitzer einen Untergrund, der von einem einzigen Staubkorn getötet werden kann? Womöglich, damit sich die Gäste bei ihnen nicht zu geborgen fühlen. Moses Füße freilich wurden nicht kalt, als Gott ihn bat, die Schuhe auszuziehen. Der Barfüßige fand es wunderbar. Sein Leben schien erloschen, da sah er ein verlockendes Feuer und stand mit einem Mal auf göttlichem Boden. Vielleicht war das wie damals, als ich als Jugendlicher im Sommer mit bloßen Füßen über die Rasenfläche des Sportplatzes sprintete oder im Freibad Fußball spielte. Noch heute spazieren meine nackten Füße im Sommer zuweilen genüsslich durch den Wärmespeicher Weitsprunggrube, mag ich auch nicht mehr einige Meter weit hineinspringen. Ich koste das Wohlwollen des Bodens aus, meine Füße ahnen Heimatsand. Endgültig sind solche Ahnungen nicht. Sind sie verschwunden, will man sie wiederholen. Man bricht auf, um den Weg in die Geborgenheit zu gehen. Gott hatte genau das als Aufgabe für Mose ausersehen. Nur sagte er nicht lässig: »Ich hätte da mal einen neuen Job für dich.« So redet der Ewige nicht, weil er das Wort Berufung noch nicht aus seinem Sprachwortschatz gestrichen hat. Er sagte: »Du wirst mein Volk aus Ägypten in seine wahre Heimat führen.« Mose hatte vor dieser Begegnung am Busch mit Gott noch nie gesprochen. Er wusste auch nicht, was seine Bestimmung sei, er zweifelte, ob er überhaupt eine in sich trage, niedergeschlagen, wie er war. Der warme Sand, das Feuer im Gestrüpp und die Stimme Gottes trösteten ihn. Trotzdem konnte der Schafhirte an seine Berufung und die ihm vor Augen gemalte Heimat nicht recht glauben. Der müde Mose zeigt sich als Energiebündel im Widersprechen. Unwirsch, frech und frei heraus reagiert er auf das Werben Gottes. Tief verletzt muss er gewesen sein, herb die Enttäuschung – was nicht verwundern muss. Wer sich ungeborgen fühlt, traut sich wenig zu, oft so gut wie gar nichts mehr. Schwach, unbedeutend, klein – so kam sich Mose in Midian vor. Stark ist er kurioserweise, um Gott gegenüber unablässig zu erklären, warum er nicht stark sein kann. Diesen Einwänden widmet sich Gott ausdauernd, wodurch der Wortwechsel an eine Parodie heutiger Bewerbungsgespräche erinnert. Gott will den, der sich nicht beworben hat – sofort und unbedingt! Mose aber weigert sich noch immer, bis Gott das Gespräch wütend beendet. Und wie reagiert der Angefahrene? Endlich lässt er sich auf Gottes Stimme ein. Denn in Moses Herz brennt es, ohne dass ihn dieses Feuer verzehrt. Und Gott, der Himmlische, hat in ihm den unauslöschlichen Funken entdeckt.

Ein drittes Bein

Der Stab in der Hand

»Man muss auf eigenen Beinen stehen – kraftvoll und sicher!« So lautet ein weit verbreitetes Ideal. Wer es erfüllt, hat den Boden unter seinen Füßen zur Heimat gemacht, wird versprochen. Entsprechend gilt es zu trainieren. Ich erinnere mich an einen psychologisch-sportlich-meditativen Baustein während meiner Ausbildung zum Pfarrer: »Ziehen Sie bitte die Schuhe aus und erheben Sie sich vom Stuhl«, sagte der geladene Referent im Seminar. »Nun suche sich jeder einen Platz im Raum. Stellen Sie ihre Füßen fest auf den Boden! Knie bitte nicht durchdrücken, die sollen ruhig etwas federn und biegsam bleiben. Und jetzt lassen Sie gaaaanz laaaaangsam von ihren Fußsohlen aus Wurzeln in den Boden wachsen.« Ich ließ von meinen Füßen aus Wurzeln zunächst durch die Wolle meiner Socken, darauf durch den strapazierfähigen, rauen Teppichboden des Seminars, sodann durch den darunter liegenden Betonboden und schließlich mehrere Meter tief in die Erde treiben. Zum Baum geworden hörte ich: »Selbst wenn jetzt ein Sturm blasen würde – das könnte Sie nicht umwerfen.« Sicher stehen, erfuhr ich in der sich anschließenden Sitz- und Feedbackrunde, sei im beruflichen Leben gefragt. Die Gesellschaft benötige Menschen, die ohne Zittern aufrecht stehen, nicht wanken, sondern souverän agieren. Das klang plausibel, zugleich war ich auch etwas irritiert: Schließlich wurden wir in dem Seminar für einen Beruf ausgebildet, der doch auch das Gegenteil bezeugen will: dass christlicherseits dem ein Halt versprochen ist, der nicht immer stehen kann, sondern geht und vielleicht sogar ins Zittern gerät.

Ein anderes Mal, am ersten Tag eines journalistischen Praktikums, durfte ich im Sessel Platz nehmen. Die Sitzfläche lag ein Stück tiefer als die meines Ansprechpartners für die nächsten Wochen. Wir unterhielten uns über das, was war und kommen könnte. Ich versuchte ins Gespräch einfließen zu lassen, weshalb ich für das Anstehende geeignet sei – und natürlich auch für das, was dem Anstehenden womöglich ja noch folgen würde. Natürlich ließ ich ebenso einfließen, dass ich einiges auch gar nicht könnte und vieles lernen wollte – was man eben so sagt, wenn der eigene Platz einige Zentimeter tiefer gelegen ist. Der Fragensteller lächelte nicht, sein Gesicht blieb ruhig, die Augen bewegten sich umso mehr, sie fuhren an mir auf und ab – als ob sie mich prüfen wollten. Allmählich begann ich das Land der üblichen Sätze zu verlassen und landete bei dem, was mir wichtig ist, meinem inneren Feuer. Ich geriet auf dem Sessel in Bewegung. Außerdem verriet meine Stimme wohl einen Anflug von Begeisterung. *Begeisterung* – ein Phänomen, das in professionellen Zusammenhängen nicht unbedingt auf Heimat hoffen, sich zumindest nicht zu ungezügelt zeigen sollte. Denn: Ein Profi zittert nicht. Inzwischen hatten auch meine Hände an Fahrt gewonnen, ich weiß nicht mehr – hielt ich einen Stift, den ich bewegte, spielten meine Finger miteinander, ineinander? Die Augen des Vorgesetzten verfolgten aufmerksam meine zu Leben erwachten Hände. Was er denken mochte? Vermutlich: »Nicht so übermütig! Ein Praktikant, der sich begeistern kann, ist für den Anfang vielleicht nicht schlecht. Will er jedoch Fuß fassen, muss er noch lernen, mit ruhigen Händen zu agieren. Es scheint ja fast, als ob er sich festhalten will.«

Wem es gelingt, kraftvoll und ohne Hilfe auf eigenen Füßen zu stehen, darf als Belohnung eines Tages sitzen. Erhofft wird ein möglichst sicheres Sesselleben. Oder man wechselt beruflich von Sessel zu Sessel – und die Lehne soll stets höher werden. Dann herrscht ein Rede- und Sitzgeschehen, bei dem Gesten allenfalls als sparsam eingesetzte Schmuckelemente fungieren. Das ist mir zu wenig. Ich genieße es, wenn Menschen während des Gesprächs auftauen und ihre Hände in Bewegung kommen. Natürlich: Wenn sie bei einem Interview unablässig auf den Tisch klopfen oder die Mine eines Kugelschreibers klickend aus ihrem Mantel treten und wieder eintreten lassen, dann hört sich das in der späteren Sendung nicht klinisch sauber an. Und doch: Es ist in meinen Ohren ein Klang, der mich belebt. Denn Menschen, deren Hände unruhig sind, hoffen womöglich, dass im Leben noch etwas kommen könnte. Sie möchten nicht für immer sitzen bleiben. Lebendige Hände erzählen vielleicht davon, dass man sich von einer großen Bewegung erfassen lassen will.

Als Gott Mose aus dem Dornbusch heraus anrief, stand dieser Kleinviehhirte nicht sicher auf der Erde. Er hatte es zu keinem Sofa- oder Sesselleben gebracht. Heimisch war der Neubürger Midians nicht. Andererseits wusste er auch nicht, wohin. Gott schon: Mose sollte die Hebräer, ein Volk von Heimatlosen, aus der knechtenden Hand des Pharao befreien und sie in eine paradiesische Geborgenheit lotsen. Der Hirte war irritiert: Warum sollte ausgerechnet er, der Halt- und Heimatlose, das vollbringen? *Der **Herr** sprach zu ihm: Was hast du da in deiner Hand? Er sprach: Einen Stab* (Exodus 4,2). Damit war klar: Moses Füße würden keine Wurzeln in die Erde Midians treiben. Nicht das freihändige Feststehen, sondern eine Stütze sollte zum Symbol des Aufbruchs werden. »Wirf den Stock auf den Boden!«, sagte Gott.

Da fing dieser an zu leben! Zu einer Schlange war der Stock geworden, Mose erschrak und floh vor der zauberhaften Kraft. Als er aber das Tier am Schwanz zu fassen bekam, wurde es wieder zum Stab in seiner Hand. Und Gott sprach:»Das ist ein Zeichen: In der Knechtschaft werdet ihr nicht sitzen bleiben.«

Der Schafhirte brach mit seiner Familie auf, kehrte nach Ägypten zurück, wo es ihm dank des Stabes gelang, Wunder zu tun. Mücken schwirrten heran, Stechfliegen tauchten auf, eine Froschplage, Hagel, Donner, Blitz, die Pest und vieles mehr. Die Sklaventreiber scherten sich darum kaum, die Hebräer kamen nicht los. Denn Pharao auf seinem über allem thronenden Sessel begriff nicht, dass da jemand auf ein lebenslanges Sitzen verzichten und wandern will. Die ägyptischen Zauberer freilich staunten über den Stab in Moses Hand: *Das ist Gottes Finger* (Exodus 8,15). Er kann bezaubern und dazu ermuntern, sich nicht festzusetzen. Dass ein Stab magisch sein kann, habe ich in den ersten Jahren meines Lebens erfahren. Mein Bruder holte den feinen Stock aus seinem Zauberkasten, der ihn eifrig üben ließ. Endlich hieß es: Vorhang auf! Uns erwartete eine Privatvorstellung. Mancher Kartentrick gelang, anderes nicht ganz: Das Publikum, Kinder aus der Nachbarschaft und ich, verfolgten die Darbietung mit wachen Augen. Wir waren frühreife Entmythologisierer, obwohl wir normalerweise an Wunder glaubten. In diesem speziellen Fall überführten wir aber den Zauberer und sprachen gelehrt, dass seine Magie auf ganz natürliche Weise erklärbar sei. Den Stab selbst jedoch betrachtete ich respektvoll, nicht anders als die ägyptischen Zauberer es taten – er schien mir ein göttlicher Finger zu sein.

War ich in unserem Zimmer allein, wagte ich gelegentlich den Kasten zu öffnen – was nicht ungefährlich war. Denn ein geteiltes Leben im Kinderzimmer trägt kommuneähnliche Züge, weshalb erbitterte Debatten über den Umgang mit Privatbesitz an der

Tagesordnung waren. Auch deshalb nahm ich den Stab sehr vorsichtig, fast ehrfürchtig in die Hand. Er war schwarz lackiert, schmal und elegant, er fühlte sich an wie eine Zärtlichkeit. Meiner Hand diente er mit geheimnisvollem Wohlgefühl. Über alle Trickserei hinaus erzählte er von einem Zauber, der hinter dem Augenschein beginnt. »Simsalabim«, flüsterte ich – falls ich diese Silbenfolge damals überhaupt fehlerfrei hinbekam. Das Wort wirkte jedenfalls, sicher auch, weil ich das Stabende einen sanften Looping in die Luft beschreiben ließ. Träume berührten mich. Wovon träumte ich? Ich sehnte mich, sah den Aufbruch in die Schule, den Weg in die erste Klasse, in eine fremde Welt hinein. Ich hätte das natürlich so nicht sagen können, ahnte aber die Lockung einer fernen Heimat, die sich dem öffnet, der das Unbekannte achtet. Vorsichtig legte ich den Stab in den Kasten zurück.

Gott gab seinen Finger Mose in die Hand, um ihn Großes träumen zu lassen. Doch der Stab kann nicht nur ihm, sondern jedem dienen, der seine Hand ausstreckt und sich nach Geborgenheit sehnt, weil es sich gegenwärtig vielleicht nicht gut sitzen oder stehen lässt. In der biblischen Mosegeschichte wird der göttliche Finger nämlich nicht nur als ein Wunderstab des Anführers erwähnt, sondern taucht auch als Stock und Stütze für jeden Hebräer auf – genau in dem Augenblick, in dem die Wanderung ins Gelobte Land beginnt. Als sich nämlich die Plagen in Ägypten nicht legen wollten, schickte Pharao die Israeliten fort, das Volk wurde aus dem Land gedrängt. Endlich! Die Flucht geschah in der Nacht. Da war keine Zeit, um Brote für die Wanderung zu schmieren. *Das Volk trug den rohen Teig, ehe er durchsäuert war, ihre Backschüsseln in ihre Mäntel gewickelt, auf ihren Schultern* (Exodus 12,34). Unterwegs, bei der ersten Rast, buken sie aus dem Teig ungesäuertes, ein trocken schmeckendes Brot. Solches Brot essen Juden noch heute an dem Fest, das das Ende des Sitzenbleibens feiert. Es ist ihr Urfest, Symbol des Aufbruchs in ein Leben, das Honig und Milch verspricht. Und Gott empfahl: *Um eure Lenden sollt ihr gegürtet sein und eure Schuhe an euren Füßen haben und den Stab in der Hand und sollt es essen als die, die hinwegeilen; es ist des **Herrn** Passa* (Exodus 12,11).

Das Fest der Befreiung hält die Erinnerung wach, dass der Aufbruch in die Geborgenheit hinein ungemütlich war. Mose, seine Familie und all die anderen aber hatten einen Stab in ihrer Hand. Nicht souverän und sicher wirkten sie, sondern ängstlich und fahrig – und doch zog sie die Hoffnung fort, dass etwas völlig anderes als die gewohnte Knechtschaft auf sie wartet. In dieser Nacht, in der sich am Horizont die Freiheit abzeichnete, sah man keine Helden. Auch Mose war keiner. Man wollte schlicht und einfach weg. So wird an Passa der Gegebenheit gedacht, dass das Leben und man selber flüchtig ist. Allen Kursen und psychologischen Tipps zum Trotz wird man nicht immerzu mit freien Händen stehen können. Beim Aufbruch der Hebräer wurden auch keine Wurzeln in die Erde getrieben, denn der ägyptische Boden war nicht heilig, eher schon der, den die Füße der Hebräer während ihres Wanderns berühren sollten. Wer aufbricht, steht nicht unantastbar bewegungslos. Zwar ist das nicht vorbildhaft – gemessen an dem Ideal, auf eigenen Beinen zu stehen. Das von Gott erwählte Volk aber hatte keine Sicherheit, keinen festen Wohnsitz und auch keinen Sessel, sie hatten nicht mal Campingstühle dabei. Kein Kuchen oder Pausenbrot befand sich in ihren Taschen. Dafür lockte das Gelobte Land, nur wusste niemand, wo es liegt. Mose hatte davon erzählt, aber auch das klang nicht gerade souverän, denn er war einer, der keine glatten, schnellen Sätze von sich gab, weil er eine schwere Sprache und Zunge besaß (Exodus 4,10). Dafür hatte jeder Hebräer einen Stab in der Hand. Der allerdings verspricht nicht wie der Stock des Mose Wunderdinge – oder doch? Er erzählt von einer Sicherheit ganz anderer Art inmitten des Ideals, alles selbst zu können. Er kündet von der Freiheit in der Haltlosigkeit, der Stock gleicht einem dritten Bein oder einer Krücke. Umkrallen lässt er sich, wenn man gebeugt und müde ist.

Vor vielen Jahren stützte auch mich eine Krücke, als mir der Halt verloren gegangen war. Es muss kurios ausgesehen haben: Fast greisenhaft gab sich mein Körper, obwohl ich mich doch in der jungen studentischen Welt befand. Womöglich lag es an den theologischen Brocken, die auf Kopf und Schultern drückten. Die wissenschaftlichen Bücher konnten schon mal zu schweren Klötzen werden, dazu die Schreibtischmühen und eine Hörsaalstimmung, die sich mitunter sehr gewichtig gab. Meine Wirbelsäule jedenfalls versteifte sich und ich konnte nicht mehr aufrecht gehen. Hätte mir damals jemand souveränes Stehen auf eigenen Füßen oder ein Wurzelschlagen empfohlen, hätte ich gelacht. Was mir half, war eine Krücke, mein Fahrrad, das mich zum Orthopäden brachte. Eine Zeitlang hielt ich mich an Lenker und Sattel fest und schlich voran. Dann wagte ich sogar aufzusteigen! Seitdem ist mir wiederholt aufgefallen: Das Fahrrad ist so konstruiert, dass man schmerzfrei treten kann, selbst wenn das aufrechte Stehen einem gerade nicht vergönnt ist. Das Fahrrad kann dem Gebeugten zum Sessel werden – nur ist es einer, der ihn beweglich bleiben lässt. Vor der Praxis des Orthopäden dann, beim Absteigen grüßte mich wieder schmerzhaft der Nerv, ich hielt mich erneut am Fahrrad fest, bevor ich bucklig in die Praxis trottete. »Fußball spielen und Bier trinken!«, empfahl der Arzt als Therapie und setzte die Spritze an. Mich dem Leben spielend, leichtfüßig und auch mit Ball zu nähern, hatte mir noch nie geschadet. Dem ärztlichen Rat, die rustikale Fußball-Form inklusive ritualisiert eingesetzter Alkoholika zu pflegen, konnte ich indessen weniger abgewinnen.

So meldete ich mich in keiner Freizeitgruppe »Rackern – Rauchen – Saufen« an, als der meckernde Rücken leiser geworden war. Stattdessen saß ich wieder in dem unscheinbaren Klinkerbau, der Bibliothek der Evangelisch-theologischen Fakultät inmitten der katholischen Bischofsstadt. Etwas freilich hatte sich geändert: Ich schaute nicht mehr ganz so eifrig in die Bücher, sondern oft zum Fenster hinaus. Dort lasen sich meine Augen an dem Schriftzug fest, der das gegenüberliegende Gebäude schmückte: *Katholisches Haus der Familie.* Nicht lange und ein evangelischer Theologiestudent Anfang zwanzig überschritt regelmäßig die Schwelle in eine andere Art von Theologie hinein, falls man das überhaupt so nennen will. Ich hatte die Ehre, vorwiegend mit katholischen Rentnerinnen und Hausfrauen im Alter von vierzig Jahren aufwärts den Rücken zu schulen. Das wurde mir zu einer Krücke, war wie ein Stab, der mich lehrte, das Leben nicht auf eigenen Füßen bestehen zu müssen.

Im katholischen Gymnastikhaus der Domstadt lebte eine andere Sprache als in den Hörsälen, in denen vorwiegend die Köpfe Zutritt hatten. Im Rückblick scheint es mir manchmal so, dass wir in den wissenschaftlichen Übungen und Seminaren saßen, als sei unser Körper vom Kinn an abwärts ein Phantom. Fast immer gewann der reine, körperlose Gedanke. Nicht dass die Wissenschaft keinen Sinn für Schmuck gehabt hätte: Man sammelte Anmerkungen, um Seminararbeiten und Forschungsaufsätze zu garnieren, manche bestanden fast ausschließlich aus Anmerkungen, was die Verfasser dann auch noch mit besonderem Stolz erfüllte. Ich übertreibe. Nicht sehr. Die kühle Wissenschaft jedenfalls hielt ich nicht für unschuldig, dass das Wirbelspiel meines Rückens auf Eis gelegt war. Die Stauchung ließ mich zugleich hoffen: Ich wollte aufbrechen und suchte nach einem Land, dessen Leichtigkeit ich loben könnte.

Eine Ahnung bekam ich davon auf den Gymnastikmatten des katholischen Familienhauses, auf denen meine Wirbelsäule die Beweglichkeit wiederentdeckte. Oft nahmen wir auch einen Stab in die Hand, um die Balance zu üben. Schon bald wirbelte ich diesen durch die Luft, als ob ich die Macht der Krücke feiern wollte. Am Ende meines dritten Rückenschul-Kurses zeigten die katholischen Gymnastikfrauen einander Fotos. Als sie aus den Augenwinkeln heraus erkannten, wie ich auf ihr Schauen sah, zögerten sie, als ob sie überlegten, ob diese Bilder ein künftiger Pfarrer und Lutherrockträger verkraften würde. Dann – eine energische, einladende Geste: Die großformatigen Fotos in tausendundeiner Farbe zeigten den Papst in Rom, kurz nachdem er die Heilige Messe gefeiert hatte. Und in seiner Nähe erkannte ich einige der Damen wieder, die mit mir zusammen im katholischen Haus viele Male die Gymnastikstunde zelebriert hatten.

Der evangelische Klinkerbau mit seinen gymnastikfreien Bücherräumen, dazu die rustikale Form des Fußballsports – das hätte mich abhärten sollen, um im Leben meinen theologisch abgeklärten Mann zu stehen. Die Zehen hätte ich in die Erde krallen, meine Füße Wurzeln schlagen lassen sollen, damit ich funktioniere und als Lohn einen Sesselsitz oder festen Kanzelstand erringe. So hatte die Welt es vermutlich vorgesehen. Und falls sich ein Körper gegen diese Karriere des Sitzens wehrte, hatte der Arzt ja noch die Spritze. Früher ging man, wenn man Halt brauchte, zum Pfarrer. Inzwischen gehen schon die Pfarrer nicht selten zum Arzt, um sich fit spritzen zu lassen. Nun aber träumte ich von einer Heimat, die feiner ist als all das Rustikal-Robuste. Ich wollte wandern, leichtfüßig aus beschränkenden Klinkerbauten hinaus. Nicht dass ich konvertierte. Nur hatte ich einen Schimmer bekommen, dass das Gelobte Land kaum in theologischen Bibliotheken zu entdecken ist. Ich hatte eine Spur von Heimat eher im Gymnastikraum gefunden. Ich ahnte: Wer die Hand ausstreckt, kann Bilder schauen, die schöner sind als Aufsätze mit eng gedruckten Anmerkungen. Ich war auf befreiende Weise Menschen begegnet, die nicht so tun, als ob der Mensch des Haltes nie bedürfte.

Der Stab kann wie ein Geländer sein, das einen führt und stützt. Wer nie aufbricht, sondern ständig sitzen bleibt, lacht vielleicht darüber und sagt: Wer einer Krücke bedarf, hat ein Defizit. Aber die am Stock durchs Leben gehen oder im Rollstuhl fahren, sagen häufig anderes, nämlich:»Niemand steht allein auf seinen Füßen oder wird auf ihnen ewig stehen.« Und mir fällt auf: Die sich dazu bekennen, nicht haltlos leben zu wollen, haben eine zauberhafte Haltung. Offen erzählen sie davon, dass der Boden wacklig werden kann. Sie ahnen eine Festigkeit, die in dem Land gründet, das sie erahnen. Die Lahmen und Verwundeten, die Gebeugten und Gestauchten freuen sich, dass noch etwas kommen kann: Gott reicht seinen Finger, der ihnen einen Weg weist, der nicht immer sicher ist. Wer den Stock ergreift, kennt noch ein Begehren. Wer jeden Stab verweigert, wandert niemals los, er wird auf dem immergleichen Flecken Erde bleiben. Er muss, was ist, zur Heimat erklären, selbst wenn er sich gefangen fühlt. Die jedoch Passa feiern, verklären die Haft nicht mehr als Heimat. Dieses Fest wird in Erinnerung an jene Nacht begangen, als der Stab tröstete, weil er vom Kommenden erzählte. Es war ein Aus- und Aufbruch aus der Lüge, die die Ägypter ihnen in die Ohren legten:»Hier, bei uns, ist eurer Wohlergehen, da werdet ihr versorgt, da könnt ihr sicher sitzen.« Die Hebräer aber sprachen:»Das Leben, wie es ist, kann nicht alles sein.« Sie brachen auf – und waren nicht allein. Da war der Stab, ein Geländer, ein drittes Bein. Der Stab stützt, er leitet, schwingt beim Gehen aus, sticht vor mir in den Boden ein. Es ist ein Stock, ein einzelner, nicht zwei, kein Gerät zu Steigerung der Fitness, damit man hernach umso besser dem Ideal der freien Hände diene. Der Stab, der Wunderdinge vollbringt – ein Halt für Bedrückte und Gebeugte, ich lasse ihn nicht aus der Hand. Meine Großmutter besaß einen, mein Großvater ebenso. Sie waren doch nicht schwach! Sie erzählten mir so viel – von fremden Ländern, lebendig-leichten Büchern und Menschen, die größer waren als ich, der ich mit ihnen im Urlaub wandern ging, zunächst an ihrer Hand. Dann lehrten sie mich, den Wanderstab zu schnitzen: »Ihn wirst du ein Leben lang brauchen!« Und ich schnitt Zeichen in die Rinde. Das war ein Zauberstab, leicht lag er in meiner Hand, er half mir, der ich nicht jeden Tag starke Füße hatte. Dafür aber träumte ich – und nicht zu schwach, auch nachts, wenn der Stab im Zimmer lag. Das Gelobte Land flüsterte sich in meinen Schlaf hinein. Wenn mich heute Begeisterung überfällt und meine Hände ins Zittern geraten, ist das für mich wie ein Greifen nach diesem Stab. Er schützt und leitet mich und erzählt von einer Heimat, in die meine Großeltern längst gegangen sind.

Himmlische Orientierung

Die Feuer- und Wolkensäule

Die Hebräer waren aufgebrochen – nur, in welche Richtung sollten sie gehen? Es sollte sie eine Orientierung erwischen, die beweglich war. Diese Wegweisung ließ sie paradoxerweise Ruhe und Geborgenheit spüren, obwohl sie den bekannten Grund gerade verlassen hatten. Sicherheit inmitten des Aufbruchs – von diesem überraschenden Zusammenhang spürte auch ich etwas, damals, als ich nach der Schulzeit loszuziehen begann. Mein Ziel: Ein Land, das ich bejubeln könnte. Großes blühte mir. Die Theologie sollte zu meiner Heimstatt werden, mochte es sich bei ihr auch nur um die Chiffre für eine tiefere Sehnsucht handeln – was ich damals so nicht hätte sagen können. Ich träumte auf alle Fälle von einem Land, das sich nicht mit Oberflächlichkeiten zufrieden gibt, ich hoffte auf etwas, das tiefer dringt, wollte nach einem Geheimnis greifen, das mich ergreifen könnte. Wie das bei großen Wünschen ist: Ich konnte logischerweise nicht sicher sein, ob die lange Ausbildung zum Pfarrer der richtige Weg sei, um mich diesem Geheimnis nähern zu können. Auch rutschte ich nicht direkt vom Schulstuhl auf die Sitzklappfläche der universitären Hörsäle hinüber. Zunächst quartierte ich mich als Zivildienstleistender in einem Altenheim ein. Dort lief ich mir auf der Pflegestation die Füße wund. »Oh, ihre Füße sind ja ganz alt geworden«, sagte der Arzt und riet, das Altenheim zu verlassen. Mit staatlicher Genehmigung wechselte ich vom 6. Stockwerk dieses Heims in das 17. eines Hauses über, das am Rand der nahen Großstadt in Richtung Himmel ragte. Der Rucksack war mein Umzugsunternehmen. Abends, am Ende des Telefondienstes für soziale Zwecke, schaute ich von meinem Zimmer aus, wie sich Wolken mit immer neuen Ideen um die Häusersäulen der Innenstadt legten. Ich wohnte so nah am Himmel wie seitdem nicht wieder, wähnte mich indessen nicht am Ziel, weil ich ja noch weiterziehen wollte. Und doch: Selbst wenn man provisorisch und im Aufbruch lebt, kann man offenbar Momente von Geborgenheit erfahren. Das lag in meinem Fall auch daran, dass ich mir im Theater Geschichten erzählen ließ. Stimmen können mich begeistern. Sie ähneln manchmal Wolken, die einen auf bewegend-schwebende Weise begleiten, selbst wenn die Sprecher sitzen. Sie heben mich auf, erhaben fühle ich mich, in ihrem Klingen bin ich aufgehoben. Das ist kein Spektakel, sie entfalten stattdessen in meinem Inneren liegende Bilder. Ihnen geben die Sprechkünstler mit immer neuen Ideen und überraschenden Nuancen Farben. Ich achte besonders Stimmen, die nicht drängen. Von ihnen lasse ich mich gerne leiten. Wohin sie einen führen? Ich bin längst da, im Augenblick des Hörens ist eine bergende Kraft zu ahnen, vielleicht sogar gerade dann, wenn ich mich unaufgeräumt fühle.

Damals, im Aufbruch, setzte ich mich fast jeden zweiten Abend an die Bühne. Ich erhielt als Zivildienstleistender kaum Sold, dafür aber einen Ausweis, der mich für ein paar Mark bis in die ersten Reihen des Theaters wandern ließ. Nicht nur die Stimmen lockten, sondern auch die Theater selbst. Neben den Städtischen Bühnen gab es viele andere, vordergründig unscheinbare, die ihre Zelte an den Füßen der Wolkenkratzer aufgeschlagen hatten, wo sie phantastische Blüten trieben. Es war Winter, als der Vorhang fiel. Nicht mehr lange – und ich würde von den Spiel- und Klangstätten der Großstadt ins Studienleben ziehen. In die Erwartung mischte sich Wehmut, weil mit dem Wechsel auch die Freiheit verschwände, von Klangschönheit zu Klangschönheit zu wandern. An diesem Abend trat für mich letztmals die Sprechkunst der Großstadt auf die Bühne: das *Freie Schauspiel Ensemble Frankfurt*. Es bestand in diesem Fall aus einem, der ein Solo spielte: *Kasperl auf dem elektrischen Stuhl*. An den Inhalt erinnere ich mich kaum, daran jedoch, dass Kasperl befreiend kraftvoll war. Am Ende mündete sein Sprechen in einen Klang, der berauschte. Da plätscherte kein Wort dahin. Kasperl entstellte eine genormte, enge Sprache, um stattdessen suchend, träumerisch mit immer neuen Silbenkombinationen die Schönheit zu entfesseln. Der elektrische Stuhl, der ihn bändigen sollte – vergessen! Es war nicht viel anders als bei Mose: Auch die Ägypter hatten die Hebräer für immer fesseln wollen. Vergeblich. Kasperl, der auf ewig im Land der Knechtschaft landen sollte, kam dank der Klangekstase frei. Der ihn spielte, war ein Entfesselungskünstler. Er konnte zaubern, weil er es wagte, die Stille sprechend auf die Bühne treten zu lassen. Er setzte die Worte nämlich so, dass die Wortlosigkeit zu leuchten begann. Kasperl wanderte in eine Freiheit, die unbegreiflich war. Was ich hörte, war ein Wegweiser für mich – in eine Welt hinein, die hinter knechtenden Verordnungen beginnt. Das Publikum klatschte wie befreit, so sehr, dass der Spieler mehrfach auf die Bühne musste. Dann war es vorbei und ich frei und aufgerichtet. Als ich in mein Wolkenzimmer gelangte, empfing mich die Geborgenheit, mochte ich auch in meinem Aufbruch nicht sonderlich sicher wirken. Das Zimmer und auch ich waren ja nicht fertig eingerichtet, das Ziel war noch nicht erreicht.

Auch die Hebräer waren nicht am Ende. Der Wanderstab lag fest in ihren Händen: Fort! Aber Mose wusste nicht, wohin. Ein Führender schien das zu sein, der nicht recht führen konnte. Der Weg in das von Gott versprochene Land war nicht ausgeschildert, die Hebräer besaßen kein satellitengestütztes Orientierungssystem, in das sie als Ziel *Gelobtes Land* eintippen konnten. Auch hatten sie nicht den Routenplaner befragt, der den besten Weg als farbige Skizze ausdruckt. Das Volk war zu Fuß unterwegs. Aber nirgendwo lag eine Touristeninformation, wo sie sich hätten Wanderkarten besorgen können. Was sie Orientierung finden ließ, war großartig und deutlich, zugleich schwebend. Ein Volk erfuhr inmitten des Aufbruchs ein Gefühl von Sicherheit. Gott zeigte sich nicht stur, sondern sehr beweglich. Er gab Orientierung für Nomaden, die in den Augen anderer als unetabliert belächelt wurden – nur weil sie noch hofften und nicht mit allem fertig waren. Gott zeigte sich verhüllt in einer Säule aus Wolken. Das war kein Lärm, nicht groß und donnernd, niemand erschrak. Es war eine Sicherheit – aber nicht ganz von dieser Welt. *Und der **Herr** zog vor ihnen her, am Tage in einer Wolkensäule, um sie den rechten Weg zu führen, und bei Nacht in einer Feuersäule, um ihnen zu leuchten, damit sie Tag und Nacht wandern konnten. Niemals wich die Wolkensäule von dem Volk bei Tage noch die Feuersäule bei Nacht* (Exodus 13,21.22). Das Volk, das das Gewohnte verlassen hatte, ging wohlgeordnet, fügt die Bibel an. Und das, wo doch in ihrem Leben alles andere als Ordnung herrschte, gemessen an den zentimetergenau gefügten Neubausiedlungen heutiger Tage. Jeder Grashalm scheint dort abgezählt, dazu glänzen Zäune, deren Fundamente fest im Boden eingelassen sind: »Hier will ich bleiben!« Zunehmend fällt ein Zaunprodukt ins Auge, das Grundstücke zu Sicherheitstrakten werden lässt. Ich habe dieses Gitter erstmals in einem regionalen Fußballstadion entdecken müssen – und konnte durch die dicht und hässlich neben- und hintereinander gefügten Stänglein so gut wie nichts vom Spielgeschehen erhaschen. Viele haben diese Art von Gitter zum Gartenzaun gemacht, der eine bewegungslose Sicherheit verspricht. So wird auch ohne Stacheldraht garantiert, dass weder Fuß noch Finger in den Zaun greifen und ihn überklettern können. Die Hebräer waren aus einem Leben geflohen, das die Ägypter für sie zentimetergenau vermessen hatten. Trotzdem gingen sie geordnet, mochten sie auch den einen oder anderen Umweg gehen (Exodus 13,18). Alle Festigkeit ihres bisherigen Lebens war dahin – aber gerade jetzt bewegten sie sich ruhig und stetig. Es leitete sie, was nicht greifbar war: ein stilles Wolkenschweben. Sie fühlten sich geborgen, obwohl sie noch lange nicht dort waren, wohin sie wollten. So hielten sie sich fest an ihren Stock und an das, was sich bewegte: Wolken, Luft, Wind und bestimmt auch an die Sterne, es waren wunderbare Himmelsspiele.

Wer sein Leben auf ordentlich vermessenen Bahnen verbringt, lacht womöglich über die Hebräer, die keine präzise Antwort auf die Frage geben konnten, wo ihr Sehnsuchtsland denn liege. Dafür waren sich die Wanderer eines Traumes sicher, der nicht im Himmel geblieben, sondern als Wolken- und Feuersäule vor ihre Augen getreten war. Denn Träume können Orientierung geben, ob in der Nacht oder auch am Tag. Immer sind sie da, auch wenn manche sie vergraben. Einige halten eine Decke über sie, damit sie nicht zu kraftvoll werden und zum Aufbruch reizen. Oder sie zäunen das Leben und zugleich auch ihre Träume ein. Die Hebräer aber zogen die Decke von ihrer tiefen Sehnsucht weg und gingen los. Auskunft gaben ihnen keine Fackeln, die am Wegrand standen. Sie orientierten sich auch nicht an Leuchttürmen, deren Fundamente fest in die Erde eingelassen waren. Sondern Gott selbst befand sich in der glühenden und beweglichen Wolkensäule. Er zog mit.

Ich, der ich während meines Zivildienstes die Wolkenkraft von Stimmen entdeckt hatte, war nunmehr im ersten Semester und dem Studienstädtlein eingetroffen. Nur fühlte ich mich nicht ganz angekommen, schritt zögerlich in die Theologie hinein. Woran das liegen mochte? Mich irritierte das eher Geräuschhafte des dortigen Sprechens. Es war nur selten schön, sondern erkundete lieber – wie man es vielleicht abstrakt formuliert hätte – *Möglichkeiten zur Ergreifung des Glaubens*. Das waren keine Stimmen, die wolkenleicht der Stille dienten, die Geheimnis ist. Auch die Theater der Studienstadt konnten mich nicht trösten.

Als ich es versuchte, wirkten die Schauspieler laut, dadurch jedoch auch eigenartig müde und bemüht, manchmal sprach man hastend über das Unsagbare hinweg.

Hoffen ließ mich, was innerhalb der theologischen Zunft eher als banal gehandelt wurde. *Bibelkunde* – in dieser ersten, ins Studium vorgezogenen Examensprüfung hatte ich alles andere als geglänzt, weil ich die biblischen Geschichten nicht sauber voneinander trennte, sondern ineinander hatte klingen lassen. Schon damals wurde bemerkt: »Sie scheinen eine grenzenlose Fantasie zu haben!« Bibelkunde galt bestenfalls als Studieneinstieg, wurde gelegentlich als vorwissenschaftlich gehandelt. Ein Element der Prüfung belächelte man besonders, mir wurde es indes zum Kostbarsten des Studiums. Drei Psalmen sollte man aufsagen können. Und ich? Schon hatte ich mich an die verspottete Niveaulosigkeit verloren, indem ich auch *nach* der Prüfung nicht aufhörte, Bibelpassagen auswendig zu lernen. Ich legte mir damit einen Klang auf die Zunge, ohne ihn analysieren zu müssen, ich saß dann nicht am Schreibtisch oder in der Bibliothek. Da spazierte ein Bibelleser durch die Welt, und wolkengleich gingen Sätze mit, die wurden niemals müde. Mir gab Orientierung, was von der Theologenzunft eher mit Naserümpfen betrachtet wurde. Dabei hatte es zu biblischen Zeiten noch viel gegolten:

Denn die Autoren damals spielten mit den Worten anderer Bibel-
schreiber, variierten sie und führten sie so fort – auch sie hatten
also alte Sätze auf der Zunge getragen. Diese Klangschönheit, die
sich stets von Neuen murmeln ließ, verlieh mir Sicherheit in einem Studium, in dem ich mich nie ganz sicher fühlte. Manchmal
plagte mich die Wissenschaft sogar: Das Abendmahl, ursprüng-
lich doch Essen und Trinken, war zu einem Debattengegenstand
mutiert, auf dass man ein ganzes Leben daran forschen konnte.
Dabei schienen Professoren schon vor einem Forschungssemes-
ter zu wissen, was am Ende richtig war: Die Abendmahlsvariante
X aus Jahrhundert Sowieso sei wahrer als die der Katholiken oder
die von Zwingli, Calvin, Bucer oder wie sie alle hießen. Wer das
besonders entschieden vertrat, fiel mir eines Tages auf, gehörte
zufällig jener Konfession an, deren Abendmahlsverständnis sich
nach intensiver Forschung als das Beste entpuppt hatte. Die Orientierung vieler Dozenten schien tief im Boden eingelassen zu
sein. Und wie manche Grundstück und Garten umzäunen und
sichern, kann natürlich auch eine Lehrkraft sorgsam das um-
zäunte Grundstück ihres Wissens hüten. Mich interessierte in
dieser Diskussion: Ob es Jesus und den Jüngern bei ihrem Tafeln
eigentlich geschmeckt hatte. Mein Fragen rief Lachen hervor.
Dabei handelte es sich für mich um eine wichtige Frage, ich
wollte sie nicht nur bereden, sondern auch leben. Die Professoren aber fühlten sich von solchen Fragen ein ums andere Mal
unterfordert. Dabei saß doch auch Jesus nicht auf einem Grundstück, in dem Wissen und Orientierung fest eingezäunt waren. Er
wanderte mit seinen Jüngern, so wie auch deren Vorfahren, Mose
und das Volk, umhergezogen waren. Sie saßen nicht in Wissens-
hochburgen, sondern liefen, am Tag und selbst bei Nacht – im
Feuerschein der Wolkensäule. Auch die Kinder wanderten, selbst
im Dunkeln – so ungezügelt war deren Leben, wo doch Kinder
normalerweise nachts im Bett zu liegen haben. Trotzdem fühlten

die Hebräer sich im Aufbruch geborgen, denn der Himmel leitete sie auf ihrem Weg über unbekannten Boden.

Nach meinem Studium beendete ich die Ausbildung in zwei Dörfern, durchflochten von mehreren Wochen im Theologischen Seminar. Noch immer war ich nicht sicher, ob ich Pfarrer werden sollte. Zehn Jahre hatte ich mich innerhalb der Theologie bewegt, geblieben war mir der Geschmack der Psalmen und anderer biblischer Wortpassagen auf der Zunge. Das war schön. Nur erwartete man das von einem Pfarrer? Er solle – so lautete das uns kirchenrätlich übermittelte Berufsprofil – unter anderem auch *führen* können. Wenn ich das hörte, dachte ich an Mose, der wohl nicht so recht zum Führer heutiger Tage taugen würde, der am Stock ging und sich von einer Wolke durch den Sand der Wüste leiten ließ. Und in seinem Stottern, von dem die Bibel weiß, fühlte ich mich sicher – oder liebte ich einfach nur die Pausen? Ich hatte und habe zuweilen eine schwere Sprache – und suche mitunter vergeblich nach dem nächsten Wort. Vielleicht weil ich mein Leben lang jenes Wort erhoffe, das süß wie Milch und Honig ist. »Aber als Pfarrer müssen Sie reden können!«, hatte man mich oft angetrieben. Ich müsse lebendiger wirken, nicht zu zaghaft und solle insbesondere den Mund häufiger öffnen und mit weniger Überlegen sprechen. Vermutlich mit dem Ziel, von fester Orientierung zu künden. Dabei glaube ich: Auch die Unterbrechung oder Pause, das lustvolles Silbentasten und ein schwebender Wolkenklang können das Leben auf tiefe, bergende Weise zum Vorschein kommen lassen.

Schon stand ich auf den Kanzeln, trug den Talar auf Probe und wusste nicht, soll ich aufbrechen, ausbrechen, weiterwandern – und wieder war die Frage: Wohin? In jenen Jahren wurden ohnehin so gut wie keine Pfarrer eingestellt, am ehesten vielleicht noch einer, dem das Leben fest erschien. Einmal, da saßen wir im Seminar zusammen, die wir für die Wüste ausgebildet wurden.

Jeder sollte jedem in der Runde einen Beruf für später geben, diese Aufgabe hatten wir uns selbst gestellt, um Alternativen zu entdecken. »Ich habe vor Augen«, sagte eine Kollegin über meinen künftigen Weg, »dass du Souffleur beim Theater wirst.« Die anderen wussten nicht, ob sie lachen oder verschämt zu Boden gucken sollten. Schließlich wurde man als Theologe, wenn nun nicht Pfarrer, dann doch bitte Unternehmensberater, Personalmanager oder Geldbesitzer – oder am besten alles das zusammen. Sie aber hatte mir eine Rolle beim Theater gegeben. Mich hatte es berührt, es wurde in mir ein Bild, das laufen lernte, einer der wenigen bewegungsfähigen Orientierungspunkte, die meine Zeit an Universität und Seminar überdauerten. Und ich sehnte mich schon wieder, fragte mich: Wie wäre das, denen Worte ins Ohr zu flüstern, die Klang- und Wolkengeschichten auf die Bühne zauberten?

Ich würde damit nur wiedergeben, was ich längst empfing. Denn noch immer oder schon wieder flüsterte sich Schönheit in mein Ohr. Als Bühne diente nun das Radio, mein Theater im Vulkangebirge, wo die beiden Dörfer lagen, in denen ich als Vikar agierte. Es wurde langsam Zeit, eine Bewerbung zu den Kirchenräten zu senden, um mich um eine Pfarrstelle zu bewerben, die gehandelt wurde wie ein Sechser im Lotto. Ich hatte, nicht zuletzt wegen meines langen Zivildienstes, sogar Chancen, mich für das kirchliche Wettkampfverfahren zu qualifizieren. Mein soziales Tun – so besagte es eine Regel aus fast antiken kirchlichen Zeiten – gab nämlich Extrapunkte. Zehn von weit über 50 Bewerbern würden zwei Tage lang in einem der mondänsten Hotels des Landes um fünf Stellen kämpfen. Die Gewinner dieses Wettbewerbs durften hernach kirchenamtlich beglaubigt von der Liebe Gottes erzählen. Das Ende der Bewerbungsfrist rückte näher. Und ich hörte schon Stimmen, das Radio legte sie mir ins Ohr. Eine stach heraus – was oft geschah, wenn ich den Finger auf die Taste legte.

Die Sprecherin klang anders als das, was mich an kirchenamt-
lichen Tönen umgab, da war kein scharfes Wissen, kein Leucht-
feuer zu spüren, eher eine Stimme, die das Schweben liebte.
Schon energisch! Aber doch in freien Bögen. Und keiner glich
dem anderen, wodurch dieser Klang in mir stets neue Ideen
und Nuancen fand. Es war Wortmalerei, die sauste, rauschte,
hauchte, sie brachte Bilder zum Laufen, die jeden noch so sauber
angelegten Garten in erfrischende Unordnung brachten. Diese
Stimme blühte und fiel auf – ohne dass sie es darauf angelegt
hätte. Sie sprach sich nicht in den Mittelpunkt. Sie war im Mittelpunkt und verstellte doch niemandem den Weg, der wandern
wollte. Die Talar- und Radio-Monate im Vulkangebirge ist sie mit-
gegangen und hat mir von einem Land erzählt, das schöner war
als ein Wettkampf im Hotel der Spitzenklasse. »Ich hatte keine
Briefmarke zur Hand«, antwortete ich auf die Frage, ob ich mich
um den Eintritt ins sichere Land der Kirche beworben hätte. Ich
wollte lieber weiterwandern – und weiß noch, wie mich in dem
Augenblick, als ich mich fürs Gehen entschied, eine eigentüm-
liche Sicherheit ergriff. Endlich war ich ruhig. Und allen Um-
wegen und dem neuerlichen Aufbruch zum Trotz fühlte sich das
Leben wohlgeordnet an.

Zwei Tage nach Ende der Bewerbungsfrist um den kirchlichen
Stellenkampf erhielt ich die Zusage, beim Hörfunk beginnen zu
können. Das war keine Sicherheit, aber die Möglichkeit, dem
Aufbruch eine Richtung zu geben – und ich wanderte zugleich in
jene Stadt zurück, in der ich mir zehn Jahre zuvor während des
Zivildienstes viele Theatergeschichten hatte erzählen lassen. An
Tag Eins im Funkhaus durfte ich die Produktion eines Features
besuchen – ich wusste gar nicht, was das genau war, wie ich mich
zu verhalten hatte, wohin ich mich setzen und schauen sollte. Da
war sie also nun, die Klangwelt jenseits der Theologie, die ich
zwar vom Hören kannte, aber nicht vom Sehen und aus solcher

Nähe. Irritiert war ich, dass ich Sprecher und Sprecherin die Hände schütteln durfte, dabei war ich doch ein Praktikant, einer, der vom Stottern und den Pausen lebte. Das Rotlicht ging an, die Klanggestalter sprachen zur Probe. Schon wieder hörte ich Stimmen – und erkannte den bekannten Klang, der mich die letzten Monate begleitet hatte. Da war aus Abend und Morgen der erste Tag geworden. Und Gott sah, dass das alles nicht gerade übel war. Und schon bald war die Zeit geschaffen, dass ich soufflieren sollte. Denn bis heute bringe ich im Hörfunk immer wieder einmal Worte gleichsam auf die Bühne, die von der Sehnsucht nach Honig, Milch und Schönheit künden wollen. Ich möchte dienen – aber nicht als Sklave, sondern indem ich auf Wolken schaue. Ich will soufflieren: dem Traum von einer Geborgenheit, die ohne Zäune möglich ist.

Kürzlich produzierte ich ein langes Hörstück. Dazu hatte ich Stimmen von Poeten gesammelt, die von ihrer Himmelssehnsucht sprechen. Ungewohnt und erfrischend alltagsschön klang das für mich. In sie hinein fügte ich Ausschnitte aus ihren Werken. Um diese lebendig werden zu lassen, suchte ich für die abschließende Studioproduktion noch nach zwei Stimmen, die Sehnsucht sprechen können. Sie, die mir einst an Tag Eins des Praktikums die Hand entgegenstreckt hatte, sagte zu. Es fehlte noch ein Sprecher. Die mir Geläufigen, die ich im Geist durchprobierte, passten nicht recht zu dem, was ich als Souffleur auf die Radiobühne zu bringen hoffte. Ob sie, fragte ich die Sprecherin, nicht jemanden wüsste? Als sich am Tag der Produktion die Studiotür öffnete, sah ich ihn wieder, knapp zwanzig Jahre, nachdem er als Kasperl sich und mich aus Fesseln und vom elektrischen Stuhl befreit hatte. Da ergriff mich das Unbegreifliche: Die Wolkensäule leitet schön. Die Aufnahme – sie wurde zu einer Rast auf dem Weg in das Land, in dem das Fest beginnt. Ich hatte die Regie, ein Führer, der nicht führen kann. Ich hörte einfach zu und erlag dem Tönen der Stimmen, die beweglich halten. Und wieder wurde die alte Geschichte aufgeführt, die davon erzählt, dass Aufbruch, Umweg und das Suchen von einem göttlichen Lächeln begleitet werden können. Da klangen Wolken, Luft und Winde, und ich wusste, wo mein Fuß gehen kann.

Mitten durch die Gefahr

Das geteilte Meer

Wer aufbricht und sich auf den Weg begibt, wird nicht unbedingt gefeiert, sondern gerät zuweilen sogar in die Ausweglosigkeit. Mit dem Stab in der Hand folgten die Hebräer dem Weg, den das Wolkengebilde in die Wüste schrieb. Bald aber war klar, dass trotz dieser wunderbaren Orientierungshilfe noch immer keine Klarheit herrschte. Ein Volk, das Sehnsucht hatte, steckte nämlich in der Wüste fest. Vor ihm öffnete sich kein Heimatland, stattdessen verschloss ein Meer den Weg. Die Wolkensäule hätte das Wasser »trockenen Fußes« überqueren können, die Hebräer aber besaßen nicht die Fähigkeit zu schweben. Ein Traum hatte sie in Bewegung gesetzt, nun standen sie eingesperrt im Zwischenland. Auch die Rückkehr war unmöglich. Als die Ägypter merkten, dass sie die Schmutzarbeit selbst erledigen mussten, nahmen sie die Verfolgung auf und riefen: »Ein Leben ohne Hierarchien – das ist doch ein Hirngespinst!« Der Pharao wollte die Entschwundenen zurückerobern. *Er spannte seinen Wagen an und nahm sein Volk mit sich und nahm sechshundert auserlesene Wagen und was sonst an Wagen in Ägypten war mit Kämpfern auf jedem Wagen* (Exodus 14,6.7).

Die Hebräer hatten mit einer weitverbreiteten Regel gebrochen, die besagt: »Man kann das Leben nicht von heute auf morgen ändern.« Von Generation zu Generation hatten sich die Israeliten in die Rolle als Untergebene hineingearbeitet. Nun aber war es einem Traum gelungen, aus willenlosen Handarbeitern hoffnungsfrohe Fußgänger zu machen. Da die Israeliten auf mehr als die ihnen vorgeschriebene Heimat hofften, reagierte die Umgebung freilich aggressiv. Sie wollte das große Wünschen wieder in Zügel legen – was auch heute noch geschieht. Ich war Zeuge: Viele reagierten heftig, als jemand aus dem Gewohnten heraus in ein Traumland aufbrach. Es geschah in der überschaubaren, von meinem Wohnort eine kleine Fahrradfahrt entfernten Basilikastadt, im dortigen Studio für Rehabilitation und Fitness, in dem ich Übungen absolvierte – nach dem Motto des beweglich bleibenden Sisyphos: Eine Gewichtsscheibe nach oben, eine Gewichtsscheibe nach unten. Eines Übungstages fiel die Neuigkeit ins Rehaland, dass eine Trainerin nach Ende ihres Sportstudiums nach Australien ziehen wolle. »Hier hält mich nichts, das ist nicht meine Heimat«, wagte sie von sich zu geben – und das, obwohl doch schon Kaiser Karl vor mehr als tausend Jahren an diesem Fleck selig gewesen sein soll, als er seine Tochter wiederfand. Wenn jemand das Land verlässt, bleiben andere zurück. Offenbar fühlten sich im Studio mehrere zurückgeblieben. Sie erfragten die Beweggründe der Wanderwilligen. »Sonne!«, sagte sie. »Ich halte diesen Dunst hier nicht mehr aus.« Außerdem gebe es auf dem anderen Kontinent eigens angelegte asphaltierte Bahnen, die einen durch Gegenden skaten lassen, die traumhaft wären – mit Blick aufs Meer. »Und Arbeit findet sich dort auch.« Nie hätte ich in der versammelten Gemeinde von Rehabilitationspatienten so viel Energie vermutet, wie sie sich nun in der steten Wiederholung eines Wortes entlud: »Aber die *Rentenversicherung*!«

Es folgten Trainingstage, an denen nicht mehr nur mit, sondern auch über die Fluchtwillige gesprochen wurde. Im Stil einer Bürgerinitiative sammelte man Statements zur Verhinderung des Aufbruchs. »Das wäre nichts für mich«, schnauften junge Menschen auf Laufband und Crosswalker: »Ich will es lieber sicher haben.« Außerdem gebe es auch eine Pflicht, ergänzten andere. Ein soziales Miteinander funktioniere, wenn alle gleichermaßen arbeiteten, zahlten und füreinander einstünden. Muße ja, aber bitte später oder im Urlaub. Die Hebräer hingegen hatten Milch und Honig schmecken wollen – am liebsten sofort und immer. Sie waren losgezogen. Also jagten die Ägypter ihnen nach und riefen: »Wollt ihr wohl mit uns gefälligst solidarisch sein!« Die Aufgebrochenen erwiderten nichts, was hätten sie auch sagen können? Das Sehnsuchtsbild von einer paradiesischen Heimat kennt keine schlagenden Argumente. Es betört – was die stört, die sich nicht bezaubern lassen. Wer das Segel seiner Träume hisst, hat mit Gegenwind zu rechnen. Der bläst oft stürmisch, sodass ein Segeln gegen den Wind unmöglich scheint. Die Aufbruchswilligen haben keinen Beweis für das künftige Glück. Auch die Studentin wusste ja nicht, was sie genau erwarten würde. Vielleicht zweifelte sie auch oder fürchtete sich? Sie hatte erzählt, was sie über die Ferne vernommen hatte. Und das klang schön. Nur bot es keine Garantie, war nicht kalkulierbar und roch überdies auch nach Gefahr.

Am Ufer des Meeres standen die Hebräer und sahen die Unmöglichkeit. Das Meer glich einer Wand, es machte Angst. Und in ihrem Rücken preschten die heran, die das Träumen vernichten wollten. *Und als der Pharao nahe herankam, hoben die Israeliten ihre Augen auf, und siehe, die Ägypter zogen hinter ihnen her. Und sie fürchteten sich sehr und schrieen zu dem* **Herrn** *und sprachen zu Mose: Waren nicht Gräber in Ägypten, dass du uns wegführen musstest, damit wir in der Wüste sterben? Warum hast du uns das*

*angetan, dass du uns aus Ägypten geführt hast? Haben wir's dir
nicht schon in Ägypten gesagt: Lass uns in Ruhe, wir wollen den
Ägyptern dienen? Es wäre besser für uns, den Ägyptern zu dienen,
als in der Wüste zu sterben* (Exodus 14,10–12).

Dieser Schrei löst sich von denen, die aufgebrochen sind und
jetzt nicht weiterwissen. Statt in der erhofften Heimat wacht man
in der Fremde auf, es geht keinen Schritt voran. Umsonst. Die
Vergangenheit, die man erledigt glaubte, lacht und spricht von
hinten:»Ihr wollt euch an Honig laben? Geht ruhig in das Meer
hinein, dort werdet ihr nicht einen süßen Tropfen finden.« Schon

sehnten sich die Hebräer nach dem zurück, was sie gerade eben
noch leiden ließ:»Es war doch nicht alles schlecht gewesen! Als
Sklaven waren wir wenigstens akzeptiert. Nun erwartet uns nur
noch der Tod.« Die Gefahr trat auf als Lähmung. Und dann? Der
Lösungsweg war irritierend einfach. Einschlagen können ihn indes nur die, die nicht anders können. Da sie sich erledigt sahen,
ging ein Volk von Träumern einen Schritt nach vorn. Mose hob
den Stab. *Und die Israeliten gingen hinein mitten ins Meer auf
dem Trockenen, und das Wasser war ihnen eine Mauer zur Rechten und zur Linken* (Exodus 14,22). Die Angst der Hebräer war be-
gründet gewesen, nun aber zeigte ihnen das Meer seinen Grund.
Auf diesem wanderten, die ausgezogen waren, um das Kleid der
Knechtschaft abzulegen.

Ob dieses Symbol auch zu denjenigen sprechen kann, die in ihrem Leben noch nicht die Länder wechselten? Ich selbst bin niemals ausgewandert, einmal allerdings in eine entlegene Dorf-
landschaft gezogen. Dort erlebte ich, wie ich gleichsam vor
einem Meer stand, unmöglich schien es hindurch zu kommen.
Es blieb mir nur der erste Schritt, ich konnte nicht zurück – ich
dachte, ich werde versinken. Da ging ich durch die Angst hindurch. So war das, als ich nach dem Studium in der vulkanischen
Gebirgslandschaft die erste Trauerfeier hielt. »Nach so viel Jahren

Studium will ich wenigstens *einmal* eine Beerdigung halten«, hatte ich mir vorgenommen. Es war kurz nach dem Studium und ich schrieb Reportagen für eine Tageszeitung, als mich die Einladung erreichte, für zwei Jahre in den Vogelsberg zu ziehen, um die Ausbildung zum Pfarrer abzuschließen. Der Vogelsberg: mein Australien. Anfangs schien dort keine Sonne, einmal fiel so viel Schnee, dass ich mit meinem Fahrrad auf dem Weg von Dorf eins zu Dorf zwei den Abzweig verfehlte. Mir schien es der letzte unerforschte Abzweig dieser Welt zu sein, als sich die Flocken auf eine Landschaft legten, die beschlossen hatte, ohne Straßenlaternen auszukommen. Was trieb mich in den Schnee? Es war diese Frage, ob es angesichts des Todes noch anderes als Lähmung geben könnte. Die erste Beerdigung aber ließ auf sich warten.

Die Wochen im Theologischen Seminar, die mein Dorfleben unterbrachen, saßen wir stets in der Runde. Vermutlich deshalb, weil alles rund erscheinen oder werden sollte. Einmal aber hatten selbst wir in Reihen zu sitzen. Das war, als wir Beerdigung spielten. Jedes Mal stand ein anderer vorn. Der Professor trug den Sarg, indem er ein Kissen sorgsam auf Händen balancierte. So ließ die Gruppe während eines Tages gleich mehrere Särge in die Erde fahren. Urnen waren auch dabei, und alles das zur Probe. Abschließend setzten wir uns wieder ins gewohnte Rund, wo wir ein Feedback nach dem anderen backten, bis das Abendessen das Reden in der Runde unterbrach. Die Salate unter Cellophan warteten schon.

In den Dörfern, wo ich predigte, bin ich selten Cellophan begegnet. Nach dem Schlachtfest kam das Fleisch direkt auf die Teller. Noch immer wartete ich auf die erste Beerdigung. Ich begleitete den mich lehrenden Pfarrer zu Trauergesprächen, auch auf Beerdigungen, doch blieb ich weiterhin im Gewohnten. Ich saß dabei, schritt nicht nach vorn, nicht hinaus, also nicht dorthin, wo es wehtut, wie die Sportberichterstatter sagen würden. Das Unbekannte lockte mich, zugleich fürchtete ich mich davor, dass der Anruf käme: »Es ist soweit.« Was dann geschehen würde? Mich besuchten Fantasien vom Untergehen: Was, wenn die Stimme versagt, Tränen fließen, man mich trösten muss? Oder wenn ich keine Luft bekomme, in Ohnmacht falle, die Trauernden aufspringen, um mich wiederzubeleben?

Der Pfarrer begleitete mich. Wir standen am Eingang der Friedhofskapelle. Nicht er, gleich würde ich nach vorne gehen. Das erste Mal. Drinnen die Gemeinde – alle saßen. Am Altar das Ziel, der Sarg, die Gefahr. Hinein? War da noch etwas oder nichts? Mein Lehrer wies mit einem Lächeln unmerklich den Weg. Die Orgel begann, ich schritt ins Meer der Ungewissheit. Unmögliches geschah. Ich sank nicht, ging nicht unter, es tat sich eine Gasse Heimat auf, was mitunter möglich werden kann inmitten der Gefahr. Was trug mich damals, als ich nicht versank? Es waren – wieder einmal – Worte von alters her, herrlich ehrlich. Bibelworte, die den Schrecken benennen und nicht so tun, als ob da noch etwas anderes sei außer diesem Schmerz – und die dennoch wollen, dass es so nicht bleibt. Was nicht logisch ist, bot Festigkeit inmitten der Gefahr. Ein Pfad öffnete sich zwischen den Wassern der Vergeblichkeit. Stark, weil schmerzgesättigt, hoffnungsgroß, da nicht gewissheitsbesessen, so standen Worte im Raum und am Ende blieb, was gehen lässt: »Wir haben hier keine bleibende Stadt, sondern die zukünftige suchen wir.«

So ahnte ich in einem hessischen Mittelgebirge etwas von dem Gang der Hebräer durchs Schilfmeer. Solch unvermutetes Gehen erleben viele, die aufbrechen und dann vor einem Meer der Ungewissheit stehen. Dort kommt man nicht voran. Aber wenn es nicht mehr weitergeht, geht man manchmal einfach weiter – mitten durch die Gefahr hindurch. Das Meer muss dabei natürlich nicht immer als Symbol für Lebensgefahr und Tod auftreten.

Der Weg aus dem Gewohnten heraus trotz Hindernissen – das kann sich auch im Alltag abspielen. Ich erlebte es, als ich vom Vogelsberg hinab und zum Hörfunk weitergewandert war. Bald stapfte ich dort am Ufer eines Meeres auf und ab, das mich von einem mir erhofften Land trennte. Rotlicht-Gefahr! Das war der Name dieses Meeres. Ich überlege zuweilen – und unterbreche dadurch mein Reden.»Die Pause aber ist in Live-Gesprächen unsendbar«, warnt eine Radioregel. So stand ich am Strand des Meeres und ging nicht hinein. Lieber fügte ich Worte in Ruhe aneinander, was bei Voraufnahmen besser möglich ist. Ich wurde ja schon fiebrig, wenn ich das Rotlicht bei den Gesprächen von Kollegen leuchten sah. Von ihnen half mir einer und erklärte, wie man die verflixte, unsendbare Pause im Livegespräch vermeiden kann.»Zuvor überlegen, was man sagen will.« Davon solle man sich dann in keinem Fall abbringen lassen, wenn man etwa in der Rolle als Experte einem Moderator Auskunft zu geben hat. Von jeder auch noch so überraschenden Frage könne man rasch in einen der vorbereiteten Argumentationswege einbiegen.»Klingt trotzdem nicht wie abgelesen!« Frage und Antwort fügten sich zwar nicht immer passgenau, das aber fiele kaum auf, da ja die Worte fließen. Ungünstig dagegen sei ein längeres Zögern. Mit der empfohlenen Methode wagte ich mich endlich in das unauslotbare Meer des Livegespräches. Ich schwamm eher mühsam, es waren meist gehetzte, fast atemlose Züge. Die Methode ließ mich nicht ertrinken, nur kam ich nie recht ins Gleiten, und am Ende fühlte ich mich vom Meer ans alte, gewohnte Ufer zurückgespuckt. Dass die Wassermassen zur Seite träten – davon konnte ich nur träumen.

Einige Jahre später zog ich wieder einmal los in das Meer des direkt gesendeten Gesprächs. Ich hatte, diesmal in der Rolle als Buchautor, gleich eine ganze Woche lang morgens Rede und Antwort zu stehen. Ich sah das Meer sturmwellenhoch – wie sollte ich da schwimmen können? Schön methodisch schrieb ich für Gespräch eins den ersten Zettel mit den Stichwortgruppen, nutzte ihn und schwamm altbewährt und ohne Atempause, machte mich dann an den zweiten Zettel – bis ich nicht mehr konnte. Es war Tag drei, als die Moderatorin mit einer Frage in mir den Funken fand, der frei glühen wollte. Da schaute ich auf und zog wie einst die Hebräer ohne Zettel, Schwimmweste und Rettungsring los, mitten ins Meer. Worte wurden aus dem Moment geboren, gesprochen nur für diesen Augenblick. Fragen gaben mir zu denken. Und ausgerechnet in der Pause fand ich Sicherheit, weil sie mir Ideen gab. Ich schwamm nicht mehr! Trockenen Fußes war einer auf den Spuren der Hebräer in das Meer hinein gelaufen. Aus Gefahr war Lust geworden, das Unmögliche schön. So wanderte ich in ein Land, wo die Angst nicht mehr Methode ist.

Natürlich tut der Weg aus dem Gewohnten heraus, hinein in eine noch unbekannte Geborgenheit oft weh. Man stößt auf Widerstand, da gibt es Zweifel und Hindernisse. Und wer träumt, sich an den Fesseln des Immergleichen reibt und sich befreien will, wird nicht immer gefeiert. Da ist es ganz natürlich, dass man das Bleiben im Gewohnten oft für attraktiver hält: »Aufbrechen – ist das nicht das Gegenteil von Heimat?« Wer indessen immer bleibt, bemerkt die Fesseln oft nicht mehr, die fähig sind, sich unbemerkt um einen zu legen. Wenn man jede Bewegung meidet, entsteht auch keine Reibung. So bleiben die bei einem Aufbruch in die Freiheit entstehenden Schwierigkeiten zwar fern – genauso aber auch der fantastische Triumph, eines Tages trockenen Fußes durch ein Meer zu gehen.

War es meine Sehnsucht nach solch befreiendem Jubel, dass es mir niemals recht gelang, in die Karriere als Sitzenbleiber einzubiegen? Dabei hatte ich es immer wieder einmal versucht. Das Bild vom gemütlichen Bleiben umgarnt auch mich. Aber was, wenn die Luft beginnt stickig zu werden? Ob Mose eine Sauerstoffmaske getragen hätte? Die Sehnsucht nach einem neuen Leben begann in mir wieder einmal zu blühen, als sich das Ende meines theologischen Studiums an den Universitäten näherte. Nicht nur Wirbelsäulenstauchung und langwierige Abhandlungen über Abendmahl und Co hatten meinen Atem flacher werden lassen. Da waren auch die vielen in Kopier-Kabuffen verbrachten Lebenstage. Infolge des Ablichtens wissenschaftlicher Aufsätze war die Luft dort warm und stickig. Im Kopieren errang ich Bestmarken. Diese Apparate besaßen wohl die Macht, sich Sklaven zu halten. Die Schlange vor ihnen war stets lang. Wenn ich auf die Taste drückte, sammelte ich schwarze Zeilen. Glücklicherweise war da auch die Gymnastik im *Katholischen Haus der Familie* gewesen, die mich farbige Fotos sehen ließ und half, mich aufzurichten. Sie hatte die Vermutung genährt, dass es weit mehr als ein Leben im Dienste der Kopierer gab. Ich beschloss: Der nächste, mein letzter Studienortwechsel sollte in ein unbekanntes Land führen. Dort wollte ich die körperunfreundliche Variante der Theologie und das Kopieren mehr auf Abstand halten. Statt Aufsätze zu sammeln, würde ich singen, tanzen, vor allem aber hoffte ich auf eine Wärme, die anders sein sollte als die stickige Hitze im Kopier-Kabuff. Bislang hatte ich im Studium nur mit Kochplatten logiert, diesmal wollte ich mit einem Ofen zusammen wohnen. Ich träumte vom Backen wie von einem Gelobten Land. Bevor ich zum Ofen finden konnte, stand ein Kürzel im Weg, das Urängste quer durch alle Gesellschaftsschichten auslöst: *WG*. Ich zog hinein. Mein Zimmer war sehr klein, es trug den Spitznamen *Schuhkarton*, weil nicht nur die Form, sondern auch die Größe daran erinnerte. Ein Bett, ein Tisch. Um von der Tür zum Tisch zu kommen, musste ich über das nicht gerade breite Bett krabbeln. »Diese Palme könnte passen«, empfahl die Blumenhändlerin, als ich ihr die Form meines

Zimmers beschrieben hatte, das ich mit einer Pflanze beleben wollte. »Sie wächst nicht in die Breite, sondern in die Höhe«, argumentierte sie. Gemeinsam mit der Palme hoffte ich nicht weiter in das nüchterne Gedankengefüge der Wissenschaft zu wachsen, sondern nach oben. Ich wollte einen Himmel erschnuppern, der nicht voller Geigen hing, mich dafür aber mit Düften aus dem Ofen lockte. Er wartete nebenan. Von nun an galt es, den Schwerpunkt beim Backen zu legen. Dieser Traum war zu nichts nütze. Mit meiner Kuchensehnsucht konnte ich keinem Professor kommen. Ich wollte backen lernen um des Backens willen. Vorkenntnisse? Als Kind hatte ich Kuchen aus Sand geschaffen.

Um meinem Traum Gestalt zu geben, hatte ich mich nicht nur in das unbekannte Gefahrenmeer *WG* begeben. Es war auch deshalb unauslotbar tief, weil mir der Schlüssel zum Backbuch fehlte. Durch semesterlanges Kopieren drängelten sich in meinem *Schuhkarton* viele Aktenordner. So schwer gebildet war ich also. Nur ins Gelobte Land konnte ich nicht. Der Kandidat der Theologie schlug das Backbuch auf und – verstand nichts. Die Wörter entzifferte ich, nur fand mein Auge keinen Weg im Buchstabenmeer, wo der Sinn hätte wandern können. Hieß das, zum Kopieren zurückkehren zu müssen? Schon lachten sich einige am theologischen Fachbereich ägyptergleich ins Fäustchen, weil sie mich – gerade erst aufgebrochen – schon wieder in einem Leben sahen, das folgsam der Wissenschaft diente. Der Rückzug freilich war verbaut – oder zugestellt, das kleine Zimmer nämlich hätte keine weiteren mit Kopien gefüllten Ordner angenommen. Also schritt ich los, mitten in die Gefahr hinein und formte Teig eins. Es geschah im 65. Monat nach meiner Immatrikulation. Das Meer, diese Kuchen- und Küchenmaterie, zeigte seinen Grund. Ich sank nicht ins Nichts, das Kürzel *WG* entpuppte sich gar als Rettung. Eine Mitbewohnerin wurde zur Interpretin von Rezepten. An dem ganz und gar unrunden, rechteckigen Tisch saß sie dem Bäckerjungen gegenüber, gab kein Feedback, sondern nahm das von mir ersehnte Spiel des Lebens ernst, auch mich, einen Theologen, der das Gelobte Land in Kuchen suchte. »Das ist ja interessant«, reagierte sie auf den Marmorkuchen, indem sie Fehler in Mut verwandelte. »Eine ganze Packung Kakaopulver? Ach so, na, es schmeckt – wie soll ich sagen – *intensiv*, pralinenartig.« Ich geriet ins Backen und zu meiner Erleichterung auch zurück ins Spielen. Im Land des unablässigen Ernstes finde ich offenbar zu wenig Luft. Das ließ sich auch nicht verbergen, als ich im 90. Monat nach Immatrikulation das wissenschaftliche, das *Erste Theologische Examen* ansteuerte. Der gedeckte Apfelkuchen war inzwischen meine Spezialität geworden. Das hatte nicht verhindern können, dass ich mich vor lauter Zahlen, Fakten, Theorien und nicht immer sinnenfrohen Denkkonzepten wie zugedeckt empfand. Ein Jahr hatten wir Prüflinge durchgelernt, und mir war nicht klar, ob wir überhaupt noch ein erfrischend-fruchtiges Innenleben besaßen. Aber endlich – Schluss! Wir standen nach der Prüfung in einer Runde. (Und wieder sollte alles rund erscheinen, niemals etwas eckig, dabei klafften in der Runde der nun Examinierten Lücken, weil man vor diesem Abschlusskreis die aussortiert hatte, deren Prüfung nicht besonders rund verlaufen war.) Als ich mich nun am Ende meiner wissenschaftlichen Laufbahn wieder einmal in einer theologischen Feedback-Runde befand, lautete das Urteil, das die den Kreis abschreitenden Professoren und Prüfungsbeobachter unabhängig voneinander über mich sprachen: »Sie scheinen das alles nicht recht ernst genommen zu haben. Das dient nicht gerade der wissenschaftlichen Schärfe.« Nachdem ich 25 Monate zuvor in der WG-Küche in ein Land aus Kuchen und Torten aufgebrochen war, hatten die Kirchenräte und Prüferinnen sich gefragt: Will der etwa nur spielen? Die Mailänder Quarktorte hatte ich übrigens auch sehr gern, vor allem die Ornamente aus gerolltem Mürbeteig mit Marmelade, die in den Quarkteig sanken, um sich dort auf schmückende Weise hervorzuheben. Längst hatte ich von der Freiheit mehr als nur gekostet. Die Feedback-Runde aber war irritiert und sprach, dass ich mich solidarisch gegenüber dem kuchenlosen Theologenernst verhalten solle. Es gelang nicht mehr. Die mit Gedankenschärfe agierenden Wissenschaftler waren für mich im Meer versunken, in das ich geschritten war, um mir ein Land der Freiheit zu backen. Es war September – und ich bejubelte in der Küche mit Zwetschgenkuchen und Streuseln mein neues Leben, das vielleicht nicht auf übliche Weise männlich, dafür aber frei, süß und musikalisch werden sollte. *So errettete der **Herr** an jenem Tage Israel aus der Ägypter Hand. Und sie sahen die Ägypter tot am Ufer des Meeres liegen. Da nahm Mirjam, die Propethin, Aarons Schwester, eine Pauke in ihre Hand, und alle Frauen folgten ihr nach mit Pauken im Reigen. Und Mirjam sang ihnen vor: Lasst uns dem **Herrn** singen, denn er hat eine herrliche Tat getan, Ross und Mann hat er ins Meer gestürzt* (Exodus 14,30; 15,20.21).

Oasenlust

Das bittre Wasser wird süß

Ein Volk von Träumern feierte die Freiheit. Was von ihnen lange willenlos ertragen worden war, lag im Schilfmeer begraben. Sie standen fröhlich da, wollten aber nicht stehen bleiben, sondern die erhoffte Heimat betreten. Nur war noch immer keine Fahne mit Aufschrift *Gelobtes Land* zu sehen. Also zogen sie weiterhin der Wolkensäule nach und freuten sich auf Milch und Honig, die auserwählt waren, ihren Mündern ein Fest auszurichten. Nach vielen Wanderstunden fühlten sich Zunge und Gaumen indessen ausgesprochen trocken an. »Immer Wolken vor Augen, regnen tun sie nie«, ärgerte man sich. *Und sie wanderten drei Tage in der Wüste und fanden kein Wasser* (Exodus 15,22).

Drei Tage ohne Wasser – das ist das Gegenteil von dem, was Ärztinnen, Krankenpfleger oder Ernährungswissenschaftler mit und ohne Ausbildung empfehlen: »Am Tag zwei Liter trinken – mindestens!« Insbesondere im Alter sei das entscheidend, ansonsten nähere sich die körperliche Katastrophe. Das Gebot wohlkalkulierter Flüssigkeitszufuhr gehörte bereits zur Leitkultur, als ich während meiner Pflegezeit im Altenheim das Getränkereichen zu meinen Spezialitäten machte. Die Lippen der Bewohner pressten sich oft entschieden aufeinander. Ich konterte mit stegreifartigen Geschichten, um die Münder der Bewohner für einen Augenblick des Staunens zu öffnen und dann – sofort! – Flüssigkeit hinein zu träufeln. Meine Überraschungsmomente waren wohl nicht wirkungsvoll genug. Die Flüssigkeitsbilanz am Tagesende sah trocken aus. Ich wiederum staunte, mit welcher Ausdauer und Energie viele Bewohner nicht schlucken wollten. »Wieder zu wenig getrunken!«, bilanziere ich oft für mich selbst am Ende eines Tages – was umgekehrt bedeutet: »Zu viel schwarzer Tee.« Denn ihn, sagen Experten, müsse man genauso wie Kaffee von der Wasserzufuhr subtrahieren. Bei diesen aufputschenden Getränken handle es sich nämlich um Gegner der Erfrischung, weil sie dem Körper Wasser entziehen. So gerechnet hatte ich schon Tageswerte, in denen ich nicht nur unter die dringend empfohlenen zwei Liter sank, sondern in apokalyptische Minusbereiche. Wie auch immer: Eine der überragenden Aufgaben unseres Zeitalters scheint es zu sein, in den Körper stetig Wasser einzuführen, um am Ende des Lebens resümieren zu können: nicht einen Tag Durst gehabt. Da irritiert auf erfrischende Weise, was den Hebräern widerfuhr: Gott schien das von ihm erwählte Volk der Heimatsucher geradewegs in den Durst zu führen. Mit starker Hand hatte er es befreit, erzählen die biblischen Quellen. Nun aber findet sich in der Wüste nicht eine Wasserstelle – und das drei Tage lang.

Da kamen sie nach Mara (Exodus 15,23). Dort stieß ein Volk von Durstigen schließlich auf das, was sie sich dringend wünschten. In Mara befand sich eine Quelle. Die befreiten Hebräer freuten sich aufs Wasser – in diesem Augenblick dachte niemand an die Süße des Gelobten Landes, sondern schlicht daran, den Mund von der Trockenheit zu befreien. Glück strömte vor ihren Augen. Wie wenn man in der sommerlichen Hitze wandert, die die Wasserflaschen rasch leert. Da – ein Brunnen! Und dann? Ein Schild: Kein Trinkwasser. *Aber sie konnten das Wasser von Mara nicht*

trinken, denn es war sehr bitter (Exodus 15,23). Der Ortsname unterstreicht die Warnung noch, denn er heißt übersetzt: bitter.
Vielleicht schmeckte das Wasser nicht anders als in jener Kurstadt, in der ich das frei zugängliche, munter quellende Heilwasser begeistert in die Hand träufeln ließ. Ich schluckte und spuckte. Schwefel im Mund. *Da murrte das Volk wider Mose und sprach: Was sollen wir trinken?* (Exodus 15,24) Ein Fest des Trinkens hatte vor ihren Augen gestanden, die Enttäuschung ist nun umso herber.

Ich selbst breche immer wieder einmal erwartungsvoll zu Festen oder Empfängen auf, die belebende Flüssigkeiten bieten. Lustvoll greife ich dann nach einem erfrischenden Trank, doch nicht immer lässt er sich genießen. Zwar liegt dann objektiv gemundet eine erfreuliche Flüssigkeit auf der Zunge, subjektiv kann das Getränk die Nerven auf bittere Weise ärgern. Bei einer meiner erwartungsfrohen Wanderungen durch diverse Festgeschehen fand ich einmal eine erfrischende Unterhaltung. Nicht lange und ich holte mir ein neues Glas des prickelnden Trankes. Der mich angesprochen hatte, erzählte von sich witzig und verriet: Er checke – auch bei Freunden und Bekannten – Versicherungen, um ihnen einen günstigeren Mix zu vermitteln. Sein Beruf interessierte mich, schließlich betätige ich mich selbst zuweilen als Händler – von Geschichten.»Und wie steht es mit dir?«, fragte er. Streng betrachtet handelte es sich dabei um eine offene Frage, ich hätte alles Mögliche sagen können. Ich erriet indes, worauf die Frage zielte und bekannte:»Ich habe mich einst für den Versicherungsanbieter entschieden, der mich anders als sein Konkurrent nicht ständig anrief und erklärte, dass sein Angebot viel günstiger sei.«»Meine Bekannten und Freunde freuen sich aber sehr, wenn ich helfe.«Ich nippte an meinem Glas, das Getränk begann auf verdächtige Weise an den Namen *Mara* zu erinnern. »Ich kann das nachvollziehen«, antwortete ich, ein Theologe, der – wenn es darauf ankommt – sofort fähig ist, einen einfühlsamen Tonfall anzustimmen. »Ich weiß selbst, wie wichtig das ist, Bekannte und Freunde als potenzielle Kunden zu betrachten.« Ich ergänzte, dass ich Bücher schreibe, mit denen nicht nur meine Verlage gern Handel treiben, sondern auch ich. Das genügte. Meine solidarische Entgegnung garantierte, dass das schon auf der Zunge liegende Terminangebot zum Durchchecken meines Versicherungslebens storniert wurde. Ich war frei! Das Getränk in meiner Hand indes war an diesem Abend nicht mehr in der Lage, süß zu schmecken.

Zurück zu den Durstigen in der Wüste, die am Ort Mara weder an Bücher noch an Versicherungen dachten. Sie hatten ein Fest vor Augen. Sie tranken und spuckten. Sie waren frei, zugleich aber durstig und verzweifelt. Da half kein Stab mehr in der Hand. Das Feuer des Dornbuschs, das Mose in Bewegung gesetzt hatte, tat längst weh. Und die Wolkensäule, diese bewegliche Orientierung, konnte die Ratlosigkeit des hebräischen Führers nicht wegwehen. *Er schrie zum **Herrn**, und der **Herr** zeigte ihm ein Holz; das warf er ins Wasser, da wurde es süß* (Exodus 15,25). Und endlich legte sich das Glück auf hebräische Zungen – und das weit entfernt vom Gelobten Land. Drei Tage und Nächte hatten sich die Heimatsucher medizinisch furchtbar unkorrekt verhalten und nicht getrunken. Gott hingegen hatte offenbar ein anderes Verständnis von Gesundheit. Denn er, der an dem unsteten Trinkleben der Hebräer nicht gerade unschuldig war, kommentierte: *Ich bin der **Herr**, dein Arzt* (Exodus 15,26). Auf dem Flaschenetikett des Mara-Wassers stand keine Analyse eines Lebensmittelinstituts, es wurde noch nicht einmal in Flaschen gefüllt, sondern frisch geboren landete es von der Hand direkt im Mund – süß! Die es schluckten, hatten auch nicht geprüft, ob es das richtige Verhältnis von Magnesium und Calcium enthielt. Selbst den hebräischen Babys wurde davon gegeben, ohne auf Natriumarmut zu achten. Und doch: Ein Volk von Sehnsüchtigen fühlte sich auf erfrischende Art verarztet.

Moses Stockwurf an der Quelle zu Mara, als das Bittere in Süßigkeit mündete, ist ein biblisches Wunder. Diese Verwandlung kann heute noch geschehen. »Trinken, immer wieder trinken«, lautet eine Empfehlung, wie es möglich wird. Dann allerdings ist nicht direkt von Wasser die Rede, sondern von dem, wozu Kinder sagen: »Igitt.« Sie spucken den Schluck des Gerstensaftes aus, den Eltern bei Feiern zum Probieren reichen. So war es früher manchmal, inzwischen würden das die meisten Erwachsenen nicht mehr wagen. Allenfalls dubiose Großonkels oder Tanten vom Land lassen Kinder noch einen Schluck Bier schlürfen. Ansonsten wird dem Nachwuchs nicht mal mehr Milch mit Honig gereicht (die Zähne!), man erwägt dagegen einen frühzeitigen Einsatz von Mineraldrinks, damit die Kinder leistungsfähig werden. Mit Eintritt ins Jugendalter wiederum wird von Erwachsenen das gerade noch entschieden abgelehnte Getränk kurioserweise empfohlen: »Je mehr Bier du trinkst, desto süßer wird es.« Das wurde auch mir als Ratschlag im Turnverein überreicht, genauso später im Vulkangebirge, in dem ich den krönenden Schliff meiner theologischen Ausbildung erhielt. So wäre auch dieses biblische Wunder in die Gegenwart geholt. Anders als am Ort Mara dauerte es bei mir indes mehr als zwanzig Jahre, bis ich in einem Glas herben Bier oder bitterem Wein eine Ahnung von Süße schmecke. Ich habe es geschafft! Jetzt, da ich das 40. Lebensjahr erreicht habe. Es geschah also bedeutend langsamer als in jenem wundervollen Augenblick in der Wüste, als sich das Wasser mit einem Holzwurf als süß entpuppte.

Die Erfrischung in Mara war noch nicht das Gelobte Land selbst. Gleichwohl handelte es sich um eine Rast, die erleichterte und berauschte. So ein Ereignis ist heute noch möglich – auch ohne einen Tropfen Alkohol. Ich habe es als Kind erlebt. Eines Tages stand auf dem Küchentisch eine Kanne schwarzer Tee. Ich weiß nicht, wieso – von nun an aber war das so. Meine Brüder und ich erhielten ein kurzes, einführendes Referat über das Getränk: »Völlig ungefährlich – auch für Kinder«, sprach meine Mutter. Eine kühne These, würden einmal mehr die heutigen Gesundheitskönner beanstanden, die mit ihren Empfehlungen ein Leben ohne Gefahr kreieren und bestimmt nicht eher Ruhe geben, bis sie den Tod aus der Welt geschafft haben. Der schwarze Tee am Frühstückstisch jedenfalls war bitter. Durch gelegentliches Üben milderte sich das ab, manchmal schaffte ich gar eine Tasse, bevor ich zur Schule aufbrach. Damals achtete auch das Lehrpersonal noch nicht darauf, dass sich Kinder in der Schule stetig gesunde Flüssigkeit zuführen. Ich lebte als Junge medizinisch betrachtet in der Steinzeit. Wir tranken und dürsteten noch wie Höhlenmenschen. Oder war meine Mutter – ohne dass ich es wusste – doch schon über all das informiert und wollte gegen ein damals bereits perfektes Flüssigkeitsmanagement intrigieren? Sie gab nach Etablierung des schwarzen Tees am Frühstückstisch den Trank auch in die Schule mit, indem sie das sogenannte *Fläschelein* füllte. Der verharmlosende Name für den Halbliter-Behälter inklusive seines suchtgefährdeten Inhalts nährt den Verdacht, dass es sich um Tarnung handelte. Raffiniert außerdem: Damals klang das Wort Tee fast noch natürlich, wenigstens leistungsfördernder als etwa Capri-Sonne Orange oder Sunkist-Kirsch, wie käuflich zu erwerbende Konkurrenten hießen.

Dem regressiven Namen *Fläschelein* zum Trotz lag mir das Schwarzgetränk weiterhin bitter auf der Zunge. Die für das dunkle Gebräu Verantwortliche brachte das nicht aus dem Takt. »Auf Dauer wird es wohl nicht ohne Drogen gehen«, mochte sie denken. Der Tee sollte wohl den Sinn haben, die bis in den frühen Abend ausfransenden Schultage eines nicht immer süßen Ganztagsschullebens zu überstehen. Ich aber fand nicht das Holz des Mose, um das Getränk in Süße verwandeln zu können. Bestenfalls halb geleert brachte ich die Plastikflasche heim, wo der Rest dann in der Spüle landete. Die Teeabfüllerin blieb konsequent: »Nur mit Bitterem kommt man gegen Bitteres an.« Das schien der Wahlspruch zu sein, mit dem sie die drogenstarke Trickserei auf die Spitze trieb. Sie träufelte in die Flüssigkeit Zitrone. Da war der schwarze Tee seines Namens ledig, er sah fast weiß aus, die Wirkstoffe freilich blieben. Dazu Zucker. Die Verwandlung bemerkte ich erst nach und nach – und habe mir das alles ohnehin erst Jahre nach der Schule zusammengereimt. Damals trank ich den geweißten Tee noch immer nicht zur Neige – trotz der beigefügten Freundlichkeit. Ich ahnte nicht, dass das Wunder nahe war. So ungläubig können Kinder sein. Die Verwandlung geschah letztlich ähnlich, wie sie auch das wandernde Volk in der Wüste erlebte. Mein Durst war so unendlich groß geworden, dass ich nicht mehr anders konnte als der Macht des *Fläscheleins* zu trauen. Das Getränk, es wurde süß, nicht beim Schulstuhlsitzen, sondern unterwegs, während der Rast im Zug am Ende des Tages, wenn ich kaum noch Kräfte hatte, gegen Abend, es dunkelte – da fuhr ich zurück, es geschah bei meinem täglichen Nomaden- und Pendelwesen. Vor dem großen Durst war ich oft gerannt, um den Zug noch zu erwischen. Wenn ich keuchend auf die Sitzbank mit dem ewig geriffelten, roten Kunststoffüberzug sank, fiel Sekunden später der Blick auf den Grenzfluss Rhein, der das Schulland vom Wohnland Hessen trennte. Oasen- und Rastgefühle. Da wurde schauend und trinkend für mich endlich alles süß – während des Lagerns im Zug. So begann meine Sucht nach Tee.

Auch für die Hebräer lagen befreiendes Trinken und Oasengefühle dicht beieinander. Denn Gott, der Arzt, hatte sie nicht nur gelabt, sondern wollte sie auch lagern lassen. Die Rast war heilsam für die, die vor lauter Durst und Sehnsucht nicht mehr weiter gewusst hatten. *Und sie kamen nach Elim; da waren zwölf Wasserquellen und siebzig Palmbäume. Und sie lagerten sich dort am Wasser* (Exodus 15,27). Nach Flucht, Meeresangst, Durst und dem befreiend-süßen Wasser war das jetzt so schön wie Urlaub. Eben noch geizte das Leben mit Erfrischungen, nun lagen diese den Hebräern zu Füßen. Dazu Palmen – die hatten sie erreicht, ohne einen Flug gebucht zu haben, allein zu Fuß waren sie in ihren Schatten geraten. Noch so ein Wunder, von dem die Bibel erzählt.

Die von Milch und Honig träumten, lebten in der Wasseroase Elim auf. Sie hatten nicht das Gelobte Land betreten, konnten aber ihre Sehnsucht leben, mussten sie nicht leugnen, sie trieb sie auch nicht quälend an. Selbst die Wolkensäule machte Pause, ließ sich nieder und stand still. An plätschernden Wassern kommen viele zur Ruhe. In das Freibad, in das ich mich zuweilen vom Computerschirm davonstehle, erklimmt vom Becken aus eine Wiese Terrassenstufe um Terrassenstufe den Hang. Dort liegen die Oasenanbeter – genauso auch an Badeseestränden, die sich mit sanftem Schwung zum Wasser öffnen. Die Sehnsuchtsvollen lagern dort, weil Quellen und Gewässer beruhigen können. Man tut nichts, vergisst sogar, ins Wasser zu gehen, die Füße gleiten mit immer neuen Ideen durch den Sand, sie formen Hügellandschaften und malen überraschende Bilder. Der eine Fuß gräbt sich ein, der andere gibt den Sand dazu, sie müssen jetzt nicht gehen, rennen, können rasten oder spielen, sind schon so viele Jahre lang auf dem Weg in die ersehnte Freiheit gewandert, wo ich in solchen Augenblicken angekommen bin. Sie werden trotzdem weiterlaufen, immer tiefer in die Geborgenheit hinein, die sich dem öffnen will, der aufbricht und geht.

Das kann kein Zufall sein: Viele Cafés liegen am Fluss, kaum findet man auf ihren Terrassen einen Platz, um etwas zu trinken.

Egal: Ich packe die Wasserflasche ein und dann nichts wie raus an das Ufer des Mains – ganz ohne Terrasse liege ich dort auf der Wiese. Schiffe gleiten, meine Augen ebenso und ruhen doch zugleich, weil sie so viel Wasser sehen. Es ist im Mund, ich sehe es zu meinen Füßen, dazu die Weinberge im Hintergrund. Sprudel trinkend male ich mir aus, wie die Beeren schmecken werden, die die Sonne zur Süße führen wird. Dann schlummere ich ein.

Da träumt mir, dass ich unter Palmen liege – direkt am Main, wie die Hebräer habe ich sie zu Fuß, ganz ohne Flugzeug erreicht! Eine Kokusnuss fällt auf meinen Kopf. Jetzt erweist es sich als Glück, dass mich die Sturheit seit Jahren nicht verlassen hat, nie scheint mein Schädel weich und formbar werden zu wollen. Der das Träumen nicht lassende Schädel lebt, dafür hat die gefallene Kokosnuss nun eine Macke abbekommen. Vom Schlag benommen greife ich nach ihr, trinke aus dem kleinen Loch süße Milch am Abend, trinke sie am Morgen, trinke sie den ganzen Tag und sinke tiefer in eine Oasenwirklichkeit, die traumhaft ist.

Auch meine Frau konnte mich nicht bekehren, die Palmenstrände dieser Erde anzufliegen. Sie will ja selbst am liebsten ständig Regionalbahn fahren, um sich in Heilbädern den Wasserfreuden hinzugeben. Dabei beginnt unser Rentenleben erst in knapp 30 Jahren. Doch wer sich der Sehnsucht nicht schämt, findet den Mut, eines der letzten Abenteuer zu wagen und ins Kurbad zu reisen, um dort Bitteres in Süße zu verwandeln. Erste Erfahrungen damit hatte ich bereits als Kind gesammelt. Wettschwimmen, Chlorwasserschlucken und brennend-rote Augen? Diese Unterrichtsaufgaben im Fach Sport konnte ich nie recht erfüllen – oder sie schienen unterbewusst nicht das Ziel meiner Wünsche gewesen zu sein. Meine Nase jedenfalls sprach: »Nein!« Und sammelte ärztliche Atteste. Verschnupft wie sie war, hatte ich in den Ferien nun an den chlorfreien Wassern eines kleinen Heilbades zu lagern. Eine Mixtur aus gymnastischem Plantschen und therapiefreien Tagen war das, denn nur an jedem zweiten Morgen musste ich in aller Frühe zum Becken spazieren. Trotzdem: Aller Anfang lebt vom Widerstand. Ich hatte noch nichts gegessen und auch einfach nicht die Größe, freudestrahlend in das Becken der Therapiebedürftigen zu waten. Es wurde von einer Solequelle gespeist, die schmeckte nicht süß. Das Wunder aber geschah. Ich fühlte mich allmählich wohl unter denen, die mit ihrem Plätschern behaupteten, dass es noch ein Leben jenseits des Bruttosozialproduktes geben könnte. Unter den alten Herren und Damen und unter der Regie einer – so erfrischend nüchtern sagte man das damals noch – *Übungsleiterin* breitete sich im Becken eine gymnastische, den Körper lösende Heiterkeit aus.

Das war der Anfang meines Kurbeckensammeleifers, auch wenn ich seitdem keine Wassertherapie mehr verschrieben bekam. Meine dennoch anhaltende Recherche in Thermal-, Sole- und Heilbädern bestätigt: Fast überall regiert die Oasenheiterkeit, obwohl doch Traurigkeit herrschen müsste, gemessen an so vielen Regelgebern dieser Welt, die empfehlen, am besten ohne jeden Durst und frei von Sehnsucht über die Runden zu kommen. Lachend aber ziehen in den Kurbädern die Kranken, Alten und Regionalbahnanhänger ihre winzigen Runden. Schon bei meinem ersten Kurbadaufenthalt als Kind überraschten mich die irrwitzigen Postkartenmotive mit ihren grellen Farben und kuriosen Späßen. Der kleine Badeort zeigte sich als Disneyland, gelegen in einem alles andere als amerikanisch wirkenden hessischen Hügelland, wo allenfalls die Sandbahnen der Minigolfanlage als Attraktion gehandelt wurden. Meine sich damals stetig steigernde Freude im Solebecken schlug bald jede Urlaubsstimmung, selbst wenn die Stiftung Warentest heutzutage diesen Aufenthalt in der Rubrik *Erlebnisdichte* mit *ungenügend* bewerten würde. Im Kurbecken freilich regiert nicht die panische Sorge, zu wenig zu erleben. Stattdessen darf man sich um sich selber sorgen, dazu gibt es die göttliche und ärztliche Erlaubnis zu rasten. Ich jedenfalls fühlte mich geborgen unter denen, die das Wasser ruhig bewegten und sich nicht darum kümmerten, die Welt erobern zu müssen. Damals durfte man die Alten übrigens noch Alte nennen – und es klang würdevoll. In dem Becken, in dem Wettschwimmen unmöglich war, herrschte keine Konkurrenz. Dort fand ich einen Platz, ohne ihn erkämpft zu haben. So wird es auch den Israeliten an den Quellen zu Elim ergangen sein, wo es paradiesisch war, auch wenn sie dort keinen Tropfen Honig oder Milch für ihre Zungen fanden.

Ungeplant genießen

Mannaregen

Die Hebräer aßen Honigbrötchen. Sie hatten sie nicht selbst gebacken, sie konnten in der Wüste an kein Getreide kommen. Sie
säten und ernteten nicht. Genau genommen handelte es sich
auch nicht um Brötchen, sondern erinnerte daran: *Es war wie
weißer Koriandersamen und hatte einen Geschmack wie Semmel
mit Honig* (Exodus 16,31). Als die Hebräer es aßen, hatten sie die
Oase Elim verlassen und waren wieder auf dem Weg. Das auf der
Flucht gebackene ungesäuerte Brot war ausgegangen. Die Freiheit bedrängte sie erneut als wilde Ungewissheit, die Gedanken
wanderten zurück: *Wollte Gott, wir wären in Ägypten gestorben
durch des **Herrn** Hand, als wir bei den Fleischtöpfen saßen und
hatten Brot die Fülle zu essen* (Exodus 16,3). Die Freiheit ist ein
hartes Brot, wenn man keins zum Kauen hat. Die Hebräer hatten
sich aus ägyptischen Qualen gewunden, nun spielte sich das
Vergangene als Schlaraffenland auf, in dem sie wunderbar
gemästet worden waren. Dabei hatte die zurückgelassene
Rundum-Versorgung – was sie geflissentlich übergingen – ihren
Preis gehabt: Niemand der Gemästeten durfte seinen eigenen
Willen spielen lassen. Es war eine Welt, die aus Herren und Die-
nern bestand.

Das Murren der Wandernden sollte nicht das Ende vom Freiheitslied sein. Gott wollte nämlich kein Volk von Willenlosen, deren einziger Wunsch es war, aus Fleischtöpfen gefüttert zu werden. Er hoffte auf Menschen, die nach oben schauen. Von dort sollte Gutes kommen, versprach Gott: *Siehe, ich will euch Brot vom Himmel regnen lassen, und das Volk soll hinausgehen und täglich sammeln, was es für den Tag bedarf* (Exodus 16,4). Die Worte trafen ein: Mit Händen, die sechs Wochen zuvor die Fesseln abgelegt hatten, sammelten sie, was in die Wüste gefallen war. Und alle wurden satt.

Die biblische Quelle erzählt also, dass Regen nicht nur Schlimmes bringt. Heutzutage darf ja kaum einmal ein Tropfen vom Himmel fallen, weil die Zunft der Wettervorhersager und aufgeweckten Morgenmoderatoren ansonsten murrt: »Wann scheint endlich die Sonne wieder?« Auch wenn Badeseen umkippen, das Getreide sich zum Wachstumsboykott entschließt, Wälder brennen und das Grün seit Wochen beschlossen hat, aus der Welt hinauszuwandern – selbst dann wird den Hörern quäkend zugerufen: »Was wird das heute wieder für ein herrlich sonniger Tag!« Die Bibel dagegen wagt zu erzählen, dass Regen Gutes bringt. Wunderbares Manna fällt zu Boden, das nach Semmel schmeckt. Auch mein Mund hat diese Geschichte erlebt, sie war für mich sogar die Regel zu einer Zeit, als in den Körben des Dorfbäckers zwei Brötchensorten lagen: Milchbrötchen und Wasserweck. Wenn es zu Tagesbeginn heftig regnete, konstatierte mein Vater: »Heute fährt der Weckerle-Express.« Normalerweise fanden samstags Brötchen den Weg zum Küchentisch, bei einem verregneten Werktag freilich fielen mit den Tropfen aus dem Himmel zugleich auch Brötchen ins Haus. Statt zum Bahnhof zu radeln, konnten mein Bruder und ich trocken aus dem Auto steigen, das anschließend noch die Bäckerei besuchte. Für uns war das bequem, hatte nur den Nachteil, am späten Nachmittag vom

Bahnhof zurücklaufen zu müssen. Dafür malte uns der Regentag die Schulstunden über Brötchen vor Augen, die wir später erwandern würden. Damals schmeckten früh am Morgen gebackene Brötchen noch am Abend frisch, und es waren für jeden immer zwei: ein Wasserweck und ein Milchbrötchen.

Auch das den hebräischen Wanderern Zugefallene schmeckte noch Stunden später köstlich, es reichte für einen ganzen Tag. Fortan regnete es jeden Morgen – und das vierzig Jahre lang! Das waren noch Regenzeiten. Am Abend ließ Gott Wachteln vom Himmel fallen, am Morgen aber lag Tau rings um das Lager der Hebräer. *Und als der Tau weg war, siehe da lag's in der Wüste rund und klein wie Reif auf der Erde* (Exodus 16,14). Ein freies Volk las in der Wüste Himmelsnahrung auf. Das kam ungeplant, war eine Überraschung – und es gab nicht einen Neider. Denn jeder hatte genug, keiner zuviel und niemand zu wenig. Den Hebräern fiel die Nahrung allerdings nicht in den Schoß, es bedurfte der Handarbeit, weil sie aufgehoben werden musste. Nur wurde dabei kein König im Mannasammeln gekürt. Am Ende hatte niemand verloren, schienen anfangs einige auch besonders erfolgreich zu sein. *Aber als man's nachmaß, hatte der nicht darüber, der viel gesammelt hatte, und der nicht darunter, der wenig gesammelt hatte. Jeder hatte gesammelt, soviel er zum Essen brauchte* (Exodus 16,18). Dieses Wunder erscheint mir nicht geringer als mein erstes Osterfest, an das ich mich erinnern kann. »Der Hase war da!« Dieser Ausruf war zwar nicht streng der biblischen Tradition verpflichtet, hielt meine Brüder und mich aber nicht davon ab, sofort mit der Lese zu beginnen. Ehe ich mich versah, hatten meine Geschwister die ersten Eier im Körbchen, sie waren schnell. Mir gelang es erst mit ganz und gar zufällig fallen gelassenen elterlichen Hinweisen, frisch gelegte Eier in mein Nest zu bugsieren: »Schau doch mal hinter diesem Buch.« Oder: »Guck mal in den Zahnputzbecher.« Trotzdem: Während anhaltend Jubelrufe der

Brüder ertönten, bekam ich nicht sonderlich viel zusammen. Die Bilanz am Ende der Lese freilich war biblisch: In jedem Nest lag die gleiche Anzahl Eier, genau so viele, wie es ein ausdauernd hungriges Kind für ein ganzes Osterfest benötigt. Wieso die Gerechtigkeit gewinnen konnte, weiß ich nicht mehr, bestimmt war sie nicht von uns Geschwistern ausgegangen. Wir nämlich werden diskutiert haben: »Ich bin älter und habe einen höheren Verbrauch an Kohlenhydraten.« (Solche Formulierungen waren dem Erstgeborenen zuzutrauen, später sollte er schließlich einige Jahre in der chemischen Forschung tätig sein.) Und ich hatte womöglich erwidert: »Ich bin jünger, muss noch Jahre wachsen und brauche gerade deshalb viel mehr von diesen Kohlenhüdranten.« (So etwas war mir zuzutrauen, weil ich gern Argumente imitierte, um sie zu meinen Gunsten zu verwandeln.) Trotz solchen Für und Widers, das sich über Stunden ziehen konnte, war nun an jenem Osterfest das Wunder geschehen: Jeder hatte genug – es war himmlisch, nicht anders wie bei den hebräischen Sammlern in der Wüste.

Manche von ihnen begannen jetzt – obwohl sie eben noch vor Hunger geschrieen hatten! – kurioserweise mit einer Art Diät, um sich das Leben für morgen aufzusparen. Es lohnte nicht, weil es keine Zinsen gab für die, die das Gesammelte gleichsam bei der Bank anlegen wollten. Noch schlimmer: *Und etliche ließen davon übrig bis zum nächsten Morgen; da wurde es voller Würmer und stinkend* (Exodus 16,20). Dabei war das Manna schon wieder taufrisch gefallen. Es täglich regnen zu lassen, wollte sich Gott nicht nehmen lassen. Er führte keine langfristigen Aufbewahrungstechniken ein, weil er als Bäcker und Regenmacher sonst nicht hätte regelmäßig arbeiten können. Und auch die Hebräer betätigten jeden Morgen ihre Hände. Einen ganzen langen Tag blieb das Manna köstlich frisch – am Wochenende sogar zwei, weil Gott einen Tag ruhen wollte.

Damals in der Wüste musste niemand den Kantinenplan mit wiegendem Kopf studieren, im Restaurant zwischen diversen Menüs wählen oder selber kochen, Rezepte tauschen und kühle Keller für die Vorratshaltung bauen. Die Hebräer hatten keine Lebensmittelkammer. Das Himmelsbrot wurde am Tag seiner Geburt genossen. Das muss ein wunderbares Leben gewesen sein, neide ich es denen, die sich um die Essensorganisation nicht kümmern mussten. Kaum dass ich morgens am Computer sitze, denke ich bereits darüber nach, dass bald der Augenblick kommt, über die Gestaltung eines Mittagessens zu grübeln. Falls es ein frisches Mittagessen geben soll. Taufrisch wird ein Essen nämlich nur, wenn ich nicht allzu lange nach dem Frühstück den EDEKA beehre, um hernach beispielsweise Gemüse putze, schneide und dünste.

Schon der logistische Apparat, der sich der Organisation zum täglichen Verzehr von Brot widmet, verwirrt eher die planerischen Fähigkeiten, als dass er helfen würde. Längst gibt es mehr als zwei Brötchensorten beim Bäcker und Brot nicht mehr nur vom Bäcker. Toast- und Vollkornscheiben im Supermarkt, frische Brötchen jede Stunde auch dort, wo die Autos Benzin schlucken. Brezeln, Kürbisbrot, Croissants, Ciabattas, unablässig dampft der Ofen in den Backfilialen. Auch lassen sich Teigformationen im eigenen Ofen erhitzen. In der Gefriertruhe liegen Laibe oder die eingeschweißte Teigrohmasse, damit das Brot im Haus nie schwindet. Im wilden Wüstenleben dagegen durfte und musste nichts organisiert werden, jeder Morgen bescherte das Brot neu. Wenn ich durch Innenstädte spaziere, begegnen mir im Abstand von drei gar nicht mal langsamen Kaubewegungen Brot- und Brötchenfilialen mit integriertem Backapparat, damit die Ofenwärme in jeder Sekunde siegt. Der Geschmack der frischen Ware lässt mich oft ans Gegenteil denken, nämlich an ein verwurmtes, stinkendes Leben – die vermeintliche Unmittelbarkeit schmeckt nicht selten fürchterlich. Ich verstehe nicht, wie es dazu kommen konnte – und gestehe: Ich kaufe dort selbst zuweilen ein. Die Öfen in den Supermärkten, in denen sich der Kunde Brötchen bestimmt bald selbst aufbacken muss, signalisieren:»Keine Angst! Wo du auch gehst und stehst, immer wird dich die Brezel taufrisch und ofenwarm begleiten!« Anders als in der Wüste verwandelt sich diese Superfrische innerhalb von Sekunden ins Gegenteil. Die Teigrollen, für die ganze Republik genormt, muss man nur eine halbe Stunde ungegessen lassen, schon schmecken diese Brezeln nach Papier. Die Anfänge dieser Unkultur erlebte ich, als vor 30 Jahren vor dem Hauptbahnhof meiner Schulstadt etwas verkauft wurde, das behauptete eine Laugenbrezel zu sein. Nur der Name war identisch mit dem Urbild. Das Bahnhofsgebäck war eine Parodie auf das schwäbische oder badische Original, das ich vom Urlaub kannte. Am Samstagmorgen in der Bäckerei aufgelesen, konnte die echte Brezel noch am Sonntagabend begeistern. Das Bahnhofsding hingegen war aus einem Stoff, der Klagepsalmen entstehen lässt. Mit ihrer bröseligen Trockenheit konnte sie sogar den Gaumen blutig kratzen.

Unweit meiner Büro- und Schreibstätte gibt es eine große Aufbackstation im Supermarkt. Die Verkäuferin kontert jeden Kundenwunsch mit der Frage:»Was kommt noch dazu?« Also nicht etwa:»Kommt noch etwas dazu?« Ihre Frage zielt nicht darauf, *ob* ich noch etwas will, sondern was ich noch *zusätzlich* kaufe. Jedes Mal bin ich perplex, ich kann mich nicht daran gewöhnen. Weil sich die Frage nach jedem Wunsch wiederholt, muss ein höflicher Kunde streng genommen alles aufkaufen. Käme es so, wären in der Zwischenzeit allerdings schon wieder diverse Teigrohlinge aufgebacken, sodass die Frage bis zum Jüngsten Tag kein Ende findet. (Und wer statt eines Jüngsten Tages etwa an die Seelenwanderung glaubt, wird die Frage noch länger hören:»Und was kommt noch dazu?«) Ich fühle mich wie ein dummer Schüler, wenn ich sage: »Nichts.« Das ist die Antwort, die aufbackfilialenrechtlich wohl nur deshalb nicht verfolgt wird, weil sie momentan noch als Notwehr eingestuft wird. Die Frage, die kein logisches Ende kennt, unterläuft jedenfalls die alte himmlischbiblische Idee: Eine Brezel oder eine Semmel wird gebacken, weil sie kostbar ist und auch noch am Abend nach Geborgenheit schmeckt. Die Supermarktfrage hingegen ist Ausdruck dafür, wie heimatlos ein Leben ist, das mir befiehlt, nicht einen einzigen Augenblick satt sein zu dürfen: »Was kommt noch dazu?«

In der Backstation aber regt sich Widerstand, eine gleichsam biblische Manna-Sehnsucht. Die führende Verkäuferin lehrte ihre Kolleginnen zwar die erwähnte Frage, in unkontrollierten Augenblicken jedoch, wie im geheimen Einverständnis, reicht mir die eine oder andere Kollegin ohne weitere Worte das Brötchenmaß für einen Tag. Noch führt die Auslassung der Frage nicht zur Entlassung, was durchaus kommen kann. Dann nämlich, wenn Kameras mit Tonaufzeichnungen kontrollieren, welche Angestellte die Frage boykottiert. Ausgewertet werden dann bestimmt auch Kundenstimmen, die auf die Frage »Was kommt noch dazu?« zu rebellischen Reaktionen neigen: »Ich will die verwurmte stinkende Aufbackware nicht mehr haben!« Die solches sagen, werden abgeführt, weil sie noch immer an taufrische Brötchen in Wüstenzeiten glauben. Es handelt sich bei ihnen um Terroristen, die gegen das Sicherheitskonzept verstoßen, das Leben dank Aufbackware durchzuplanen, zu schützen und unablässig zu umsorgen.

Genug der Fantasien: Es ist natürlich menschlich, Nahrung für morgen sichern zu wollen, es hält am Leben – und auch die hebräischen Nomaden in der Wüste, die nicht säen und ernten konnten, versuchten es, indem einige das Manna aufheben wollten. Nur wird die moderne Aufbackware, dieses das Leben in jedem Augenblick absichernde Gebäck, nie nach jener Semmel

schmecken, die am Morgen aufgelesen wird und noch am Abend
duftet. Köstlich ist es dagegen, wie ein Hebräer ungeplant und
unorganisiert genießen zu dürfen, indem man das Essen frisch
vom Boden aufliest. Ich erlebte es selbst einmal – auf dem Feld.
Damals kannte ich Erdbeeren vom Nachtisch, im Eis – aber nicht
in ihrer Urform, wenigstens nicht in diesen unendlich scheinen-
den Felderreihen. Wir waren dort zum Selberlesen, sofort war ich
zum Hebräer geworden, musste mich nur bücken. Kaum hatte
ich begonnen, war der erste Korb voll. Zu Hause dann fand ich
immer neue Ideen an diesem unwirklichen Tag in Rot, ich mixte
die Früchte mit Banane in die Milch hinein, aß garniertes Jo-
ghurt, ein Müsli, da waren Törtchen aus Mürbeteig zu belegen.
Diese Früchte halten sich wie das Manna einen Tag lang frisch.
Erdbeeren, die über Nacht lagern oder eingefroren werden, um
sie später wieder aufzutauen, stinken zwar nicht – vom Aroma
des Lesetages aber ist dann so gut wie nichts mehr übrig.
Frische, gedacht für einen Tag, schmeckt wunderbar. Sie lässt das
Gelobte Land ahnen. Es gibt Gasthöfe, die sich nicht anders als
Gott, der Mannabäcker, auf ein oder zwei, maximal drei statt der
üblichen siebzig Gerichte beschränken, diese aber für den Augenblick frisch zubereiten. Wer will im Wirtshaus schon nach vier
Minuten das Mahl aus der Mikrowelle auf den Tisch bekommen?
Gar nicht mal so wenige. Busgruppen, die für das Mittagessen ein
Zeitfenster eingeplant haben, lassen sich abfertigen: Nach einer
halben Stunde spätestens rattert die Jalousie ihres Zeitfensters
nach unten, dann muss ausgegessen sein. Ich bin so anspruchs-
voll – auch in Gasthäusern –, wenigstens ab und zu auf Manna zu
hoffen, das frisch auf den Essenstisch fällt. Einmal, da konnte der
Gast per Zettel in einem Weinlokal seine Meinung hinterlassen.
Ich merkte an, dass ich leider nicht aufs Essen warten durfte.
Kürzlich kehrten wir dort wieder ein, da hatte sich etwas geändert: Das Gericht kam nach zehn Minuten. Vielleicht, amüsierte

sich meine Frau, sei das eine Reaktion auf die Kritik: Nun stelle man das Essen eben sechs Minuten später in die Mikrowelle. Es schmeckt nicht schlecht – nur was ist das verglichen mit der freudigen Erwartung, wenn ich eine schöne lange halbe Stunde warten darf. In ihr genieße ich, dass der Himmel das Manna frisch zubereitet.

So war das in der Wüste: Die Hebräer säten nicht und ernteten doch, sie hatten den Honiggeschmack der fernen Heimat bereits im Mund, es war das Vorgefühl einer tiefen Geborgenheit – mitten auf dem Weg. Es lag nicht nur an der frischen Zubereitung. In der Bibel wird noch ein weiterer Grund genannt, warum das Himmelsbrot begeistert. Erzählt wird von einer Befremdung, die kostbar ist:»Man hu?«, fragten die Hebräer, als sie Gottes Backarbeit erstmals auf dem Boden liegen sahen (Exodus 16,15). Nach diesem hebräischen Ausruf spricht man heute noch von Manna: »Man hu? Was ist das?« Es ist ein Essen, das irritierend-fremd und zugleich überirdisch schmeckt. Viele Jahre würden es die Hebräer auf ihrer Wanderung essen, jeden Tag. Sie moserten zuweilen wegen der fehlenden Variation, letztlich aber kriegten sie es nicht über – das Manna ist ihnen sogar als Götterspeise in Erinnerung geblieben. Das Fremde kann folglich zum Leibgericht werden und wird durch Wiederholung nicht schlechter. Entsprechend wehren manche Gäste in ihrem Stammlokal die Speisekarte ab, weil sie längst wissen, was sie am liebsten haben. Über unbekanntes Essen zu staunen – das erinnert mich an meine Wohnheimzeit als Student. Viele Nationen wohnten friedlich unter einem Dach – was kitschig klingen mag, aber sehr gut schmeckte. Zum Etagenfest stellte jeder ein Gericht aus seinem Land auf den Tisch. Man hu? Was ist das? Es war beispielsweise Gemüse, Fisch und Reis in schwarzen Fischtang gewickelt. Diese Speise hatte eine Studentin über Stunden zubereitet, und jeder, der in der Küche kam, hatte gestaunt: Man hu? Was macht sie da?

Es war ein Himmelsregen mit Namen *Sushi*, als man das hierzulande noch so gut wie gar nicht kannte. Wenigstens führten sich diese magenleichte, vegetarische Kost damals nicht gestresste Banker, Geschäftsesser oder sonstige Vielbeschäftigte häppchenweise ein, um sich so auf die Höhe der Zeit hinauf essen, um diese dadurch zugleich einzusparen. Im Wohnheim geschah während dieser Feste das Gegenteil, wir aßen nicht schnell, dafür aber viel und alles auf. Die Sushi-Expertin hatte überdies noch süße, frisch in sehr viel Öl gebackene Bällchen zubereitet, der Magen wurde also schwer, den Tag danach konnte man kaum lernen, selbst wenn alle Professoren der Welt das befohlen hätten. Es schmeckte fremd und köstlich, und die Bällchen hießen: Man hu? Was ist das? So war das auf diesen Feiern, als die Tische um viele unbekannte Speisen erleichtert wurden. Was ist das, wer hat es gemacht? Es war aus dem Himmel gefallen.

Faszinierend fremd war auch die erste Pizza. Am Anfang meines Lebens schreckte ich vor dem Geruch von Käse zurück. Ich boykottierte ihn. Bis ich doch einmal den Biss ins unbekannte Land wagte – nicht in der Öffentlichkeit der ganzen Familie, die meine Premiere beobachtet und gewissenhaft analysiert hätte. Mein Bruder ließ mich wie nebenbei probieren, als wir ihm eine belegte Scheibe mitgebracht hatten von einem Ausflug in ein italienisches Lokal, in dem ich wie gewohnt Nudeln verspeist hatte. Als das Stück inklusive des geschmolzenen Käses meine Zunge berührte, tat es nicht weh, war aber auch nicht gewohnt, das fremde Essen schmeckte fremd und froh, nach einer Heimat, die noch unbekannt war, doch mir faszinierend zugewandt. Mein jetziger Beruf, meine doppelte Berufung, setzt den Beginn von damals fort: Als freier Autor in Kombination mit häuslichen Tätigkeiten (Schwerpunkt Backofen) rühre ich den Hefeteig selber an. Das mannaartige Pizzabacken genieße ich mehr als jede Essensorganisation. Dabei nämlich kann man träumen, vor allem, wenn die Pizza in den Ofen geschoben ist, ich warte und wache. Obwohl schon viele, wenn auch nicht vierzig Wanderjahre lang genossen, wird mir das Pizza-Manna nicht fade. Denn die Wiederholung ist es, die den Weg ins gelobte Speiseland legt. Das von Gott bescherte, köstlich-fremde Manna sollte laut biblischer Geschichte nicht aufbewahrt, sondern noch am Tage frisch verzehrt werden. Und doch: Gott selbst wollte schließlich, dass von seinem Brot etwas für spätere Zeiten aufgehoben werden sollte. Warum nun das? Bestimmt war er auf seine Regenidee und das Backhandwerk stolz. Also bat Gott den Mose: *Fülle einen Krug davon, um es aufzubewahren für eure Nachkommen, auf dass man sehe das Brot, mit dem ich euch gespeist habe in der Wüste, als ich euch aus Ägyptenland führte* (Exodus 16,32). Diesmal wagte kein Wurm das Brot anzurühren. So konnte es auch in fernen Zeiten noch davon erzählen, dass das Essen einen ungeplant und unaufgebacken erwischen kann. Das Mannabrot im Krug ähnelt einem Versprechen: Auch heute kann Gott Manna regnen lassen. Und wirklich: Es war Samstag, als ich – frisch umgezogen – an meinem Wohnort erstmals die Bäckerei in Sichtweite der Weinberge aufsuchte. Keinen Aufbackofen sah ich in dem Laden, dafür stand dort eine lange Schlange. Man hu? Das kann doch nicht sein? So flüstere ich in mich hinein: War es das – oder etwa nicht? Meine Erinnerung war mir nun fast schon fremd geworden, aber doch: Was ich sah, ähnelte *Milchbrötchen* und *Wasserweck* von einst. Ich probierte die Worte aus – und wurde verstanden! Da hatte ein Wanderer ungeplant eine Tüte voll Manna aufgelesen, gebacken für einen Tag.

Höhenrausch

Der Berg ruft

Immer weiter zogen die Hebräer in das göttliches Versprechen hinein, das sich als stärker erwiesen hatte als Hunger und Gefahr. Der Weg war nicht bequem, doch spürten sie tief in sich, dass es der Richtige war. Sie atmeten auf. Niemand kann in ständiger Anspannung leben, selbst wenn er ein großes Ziel verfolgt. Mit der aufkommenden Gelassenheit näherte sich Schritt für Schritt auch die Gewohnheit: Aufstehen, Manna sammeln, Manna essen, Zeltplatz suchen, schlafen, weitergehen. Das Gelobte Land jedoch war nicht zu sehen. So kam es, dass das Gleichmaß die Wanderer bald lustlos und müde machte, obwohl sie mit der Knechtschaft zugleich auch die Routine in Ägypten hatten lassen wollen. »Welchen Stellenwert besitzen wir eigentlich im Konzert der Völker?« Um sich das zu fragen, hatten sie nun Zeit genug. Ihre Antwort? Schafe und Ziegen führten sie mit sich, viel mehr auch nicht. Oft fühlten sie sich klein, bauten auch kein Eigenheim, noch nicht einmal zur Miete wohnten sie und hatten weder Garten noch Balkon. Das Wüstenbrot schmeckte wunderbar. Nur waren die Hebräer keine Selbstversorger, selbst die Zutaten spendete der Himmel. Das tägliche Auflesen – auch das zog keinen hohen Status nach sich. Tätig waren vor allem ihre Füße.

Und die Wüste? Sie bot nicht den Stoff, aus dem Vergnügungen wachsen. Wenigstens verliefen die Etappen nunmehr ohne große Dramatik, sie waren gut zu überstehen. Doch flache, stete Wege gehen auf Dauer an die Substanz. Manche empfinden sie sogar als mörderisch – etwa die lange Zielgerade eines Marathons. Besser für Seele und Körper ist eine Strecke, die sich in Variationen gefällt, die Hügel, Kurven und wechselnde Ausblicke zu bieten hat.

So schlug das hebräische Volk von Zeltträgern erleichtert ihr Lager auf, als es das Sinai-Massiv erreichte. Die Gewohnheit war durchbrochen, weil das Gebirge den beleben kann, der über Wochen, Monate oder Jahre auf seinem Weg müde gelaufen ist – unabhängig davon, ob man sich für diesen Weg von ganzem Herzen entschieden hat. Das Gebirge – Symbol der Unterbrechung, es fordert heraus. Berge, die bis in die Wolken ragen, lassen den Himmel ahnen, sind ein faszinierendes Hindernis, das abenteuerliche Gefahren in sich birgt. Selbst Hügel können zum Mythos werden – für einen wie mich, der in der Ebene aufgewachsen ist. Schnee kennt man dort fast nur vom Hörensagen. Und wenn wir vom Turnverein bei Bezirkswaldläufen starteten, rannten uns die Konkurrenten aus dem Hügelland bei der geringsten Erhebung davon. Es gab bei uns nur flache Wege, bergan ging es allenfalls auf den wenigen Tribünenstufen des Sportgeländes, die wir laufend erklommen. Das war schon der Gipfel aller Steigung – wenn da nicht der große Hügel im Wald gewesen wäre. Er ließ uns Großes ahnen, lebte doch jeder im Dorf vier bis fünf Höhenmeter tiefer. Der Hügel war zudem mein Hausberg, weil wir eingangs des Waldes wohnten. Es handelte sich genau genommen um einen Doppelberg, zwar hieß er nicht Gottesberg und lag auch nicht in der Wüste, trotzdem flüsterten wir seinen Namen, als ob es sich um das Sinai-Massiv höchstpersönlich handelte: *Die Fuchsberge.* Es klang, wie wenn Radfahrer das Wort Pyrenäen aussprechen.

Bekannt waren die beiden Hügel im Dorf – und darüber hinaus! – auch dadurch, weil sie zur Trimm-dich-Runde gehörten. Sie schlängelte sich mit ihren blauen Schildern und auf Baumstämme geklecksten gelben Farbpunkten durch den Wald. Was war das für ein Fest, als ich die Runde erstmals ohne Gehpause gelaufen war. Warum eigentlich rannte ich unaufhörlich, als ob ich ein Kind von Nomaden sei? Bereits damals hoffte ich wohl auf etwas, das noch wunderbarer war als das Gefühl, ins Ziel zu kommen. Sonst hätte ein Mal Laufen ja genügt. Das Finale der Trimm-dich-Strecke mündete in den Startbereich. Ende und Neuanfang lagen nur einen Augenblick entfernt. Immer wieder erschauerten wir vor den Hügelhöhen, die jeden Trimm-dich-Durchlauf krönten. Der ausgeschilderte Weg war flach, zur Routine konnte er nie werden, weil man spätestens ab Mitte der Strecke für sich oder auch in der Gruppe den Satz sprach:»Die Fuchsberge kommen erst noch.« Über diese Hügel hätten Bergkundige gelacht, aber aus den ebenfalls in der Ebene gelegenen Nachbardörfern zog er viele Läuferinnen und Trimmfreunde an. *Die Fuchsberge* – eine über unser Dorf hinaus bekannte Sensation. Noch abends konnte ich von unserer Wohnung aus schauen, wie Läufer nahe des Starts aus den Autos stiegen, um die Verfolgung der gelben Punkte aufzunehmen. Am liebsten wäre ich gleich wieder mit zum Fuchsberg-Massiv aufgebrochen. Der offizielle Trimm-Parcours führte die erste der beiden – nicht nur für Kinder – *steilen* Bodenwellen hinauf, um dann in das zwischen den Höhenzügen gelegene waldgrasüberwucherte Tal sanft hinabzugleiten. Bei Festlegung der Streckenführung hatte die lokale Trimm-dich-Pfad-Behörde offenbar Gnade walten lassen. Denn die zweite und rechts liegengelassene Welle war noch schärfer als die erste: Fast senkrecht fiel von ihr der Weg zurück ins Flache. Einige, flüsterten wir als Kinder, hätten sich diesen Abhang schon einmal mit dem Rad hinabgestürzt. Einer habe gar versucht, die Steigung umgekehrt, also *von unten nach oben* zu nehmen! Das waren natürlich Lügengeschichten, das war selbst uns klar, die wir scharenweise den Kindergottesdienst besuchten und an Wunder glaubten. Unvorstellbar auch deshalb, weil im damaligen Fahrradland – wenn überhaupt! – allenfalls drei Gänge herrschten. Zwar existierten vereinzelt Rennräder mit zehn Gängen, die besaßen aber dünne Reifen. Mit ihnen hätte niemand auf solch einer Wurzelstrecke den Himmel erklommen. Diese Passage war für uns die Eiger-Nordwand.

Als sagenhaft galten die Fuchsberge übrigens auch deshalb, weil wir keinen kannten, der dort jemals einen Fuchs gesichtet hätte. Kniehoch stand das Gras und es regierte die Kiefer. Birke und Akazie begnügten sich mit Statistenrollen. Natürlich folgte ich nicht nur den gelben Punkten, sondern streifte auch auf eigenen Wegen durch den Wald. Hatte ich wieder einmal einen der Gipfel unter meine Füße bekommen, schaute ich – von der Höhenlage ermuntert – an den Stämmen entlang nach oben. Zwischen den Baumkronen hindurch ließ sich die Ahnung erblicken, wie unvorstellbar groß das Leben werden könnte. Später. Spähte ich einen der steilen Abhänge hinunter, träumte ich von jenem Tag, an dem ich mich mit dem Rad hinunterfallen lassen würde. Und erst mit dem Schlitten im Schnee! Er war dann doch gefallen, einmal. In der Silvesternacht 1979 war es den Flocken gelungen, sich durch die als undurchdringlich geltenden Kiefernwipfel bis zum Flachlandboden hindurchzumogeln. Der Anbruch des neuen Jahrzehnts fühlte sich an, als ob die Ewigkeit begonnen hätte. Die Fuchsberge waren in unbekanntes Weiß gekleidet. Ich schaute vom Tal aus nach oben und den halbstarken Bergkönigen zu, die mit dem Schlitten bäuchlings den Abhang hinunterrasten.

Selbst als wir Jahre später den Trimm-Pfad mit Stoppuhr und diversen Tempovariationen mehrfach hintereinander rannten, lief das mythische Gewisper mit: »Die Fuchsberge kommen erst noch!«Wir wollten hoch – hinauf auf die geliebten und gelobten Hügel. Manchmal stützten wir uns dabei am Boden ab, wenn wir die Strecke zuvor in überhöhtem Tempo angegangen waren. Schmerzten die Muskeln, konnten diese Erhebungen auch Jugendliche stolpern lassen. Dann ergaben wir uns ihnen schleichend. Selbst titelgekrönte Läufer mussten manchmal passen. Am Ende der Runde aber standen wir zwischen Start und Ziel, in jenem Grenzland, in dem ich aufgewachsen bin. Und auch wer die Fuchsberge hinaufgestolpert war – jeder sah schon wieder zum Start hinüber, zu den vielen Anfängen, die im Leben noch folgen würden. Wie wir uns sehnten! Wir waren noch nicht ausgewachsen, besaßen nicht sonderlich viele Muskeln, kannten keine fernen Länder – aber indem ich mich erinnere, ahne ich, wie das Leben damals triumphierte, als es im Anfang war. Verschwitzt und müde – so standen wir im Ziel: Königlich. Und mir schien: Nicht nur wir, alle waren würdevoll in diesem Dorf, das außer den Fuchsbergen kaum Besonderheiten kannte – vielleicht noch die große Autofirma eine kleine Fahrradfahrt entfernt. Sie bot nicht anders als der Kiefernwald für die Dorfbewohner eine Monokultur – im Bereich der Arbeitsplätze. Aber damit ist es auch vorbei, die Stellenzahl ist erheblich geschrumpft. Und die Zuckerfabrik, einst mit einem mittellangen Spaziergang zu erreichen, ist still gelegt. Dabei war ihr jährlicher Rübengestank so sicher gewesen wie der Herbst. Die Berge aber, diese kleinen Hügel, thronen im Wald – immer noch.

Mose und das Volk erlebten am Sinai Fantastisches. Sie hofften, dem Himmel nahe zu kommen – obwohl sie das Gelobte Land noch nicht erreicht hatten, das für sie himmlisch werden sollte. Aber schon unterwegs wollten sie Gottes Nähe erwischen. In der Höhe vermuteten die Israeliten jene Kraft, die sie drei Monate zuvor aus den Niederungen Ägyptens hatte fliehen lassen. Sie wurden vom Berg angezogen und hatten zugleich Respekt. Denn das

Gebirge kann gefährlich werden. So guckten viele nur von unten und staunten. Es schauderte ihnen vor dem unaussprechlichen Macht- und Himmelswesen, dem sie sich nahe fühlten. Also wurde eine Grenze gezogen, *denn wer den Berg anrührt, der soll des Todes sterben* (Exodus 19,12). Das war dramatisch wie bei uns im Wald, als wir die steilen Radabfahrten fürchteten. Der Hügel schillerte: Von fern betrachtet gab er sich anders, als wenn ich ihn von Nahem inspizierte. Von wo aus man auch guckt: Der Berg gibt denen Würde, die gehen, rennen, unterwegs sind – und ein großes Ziel ersehnen. Das Gebirge gewährt Halt: Von unten schaut man auf. Winzig ist man – nur ist diese Kleinheit voller Würde. Im Aufschauen werde ich groß und richte mich auf königliche Weise auf. Elegant steht man da, weil man nicht mehr gebückt, gebeugt, gefangen zu Boden oder in Computerbildschirme blickt. Zum Gipfel schauend hat man Ägypten verlassen, wo man mit Fleisch gemästet buckelt und sich *auf verantwortungsvolle Weise in den geforderten Willen der Allgemeinheit einfügt.* So sagen es die Sklavenhalter zu allen Zeiten, denen es gefällt, dass sich andere vor ihnen krümmen. Gott wollte das Gegenteil, nämlich, so tönte seine Stimme am Berg: *Ihr sollt mir ein Königreich von Priestern und ein heiliges Volk sein* (Exodus 19,6).

Aber was sahen denn die zigtausend Priesterinnen und Könige, als sie aufwärts schauten? Der Sinai präsentierte keine gemütliche Heimat, in der alles bleibt, wie es schon immer war. Stattdessen erkannten sie Befremdliches und Großes: *Da erhob sich ein Donnern und Blitzen und eine dichte Wolke auf dem Berge und der Ton einer sehr starken Posaune. Das ganze Volk aber, das im Lager war, erschrak. Und Mose führte das Volk aus dem Lager Gott entgegen, und es trat unten an den Berg. Der ganze Berg Sinai aber rauchte, weil der* **Herr** *auf den Berg herabfuhr im Feuer; und der Rauch stieg auf wie der Rauch von einem Schmelzofen, und der ganze Berg bebte sehr* (Exodus 19,16–18). Mose und noch einige andere wollten aber nicht nur schauen, sondern mit Haut und Haaren in das Geschaute hinein. Sie begannen aufzusteigen. Waren es die Fuchsberge, die mich später einige Berge außerhalb des Flachlands besteigen ließen? Als Jugendlicher jedenfalls überwand ich dann doch noch weitere Höhenmeter als die der baumdurchsetzten Hügel. Ich stapfte einige Male über Gletscher in den Morgen hinein – und er schien ein Sonnenfeuer zu sein. Freilich schaue ich auch heute noch gern von unten die Berge nach oben – eine Position, die viele Hebräer vor dem Sinai einnahmen. Dann sitze ich etwa auf Caféterrassen, aufgerichtet wie ein Heiliger, indem ich zum Gipfel gucke. Dem Berg fällt jede Stunde etwas Neues ein. Eine Macht muss da am Werke sein, so donnernd-laut, wolken-groß, gefährlich-schön und lichtfantastisch, dass sie gewöhnliche Menschen zu Priestern macht.

Die überraschende, verwandelnde Kraft des Berges erlebte ich auch bei einer meiner letzten Besteigungen. Ich wagte sie just in jenen Tagen, als ich gefragt wurde, ob ich auf einer Hochzeit nicht noch einmal in der Rolle als Kanzelredner agieren wolle. Dabei zählte ich kirchenrechtlich betrachtet längst schon wieder zu den Kirchenbanksitzern. Das Predigen im Vulkangebirge lag hinter mir, die Radiozeit hatte begonnen. In dem Zimmer unweit des Funkhauses, in das ich mit Ausziehen des Talars zur Untermiete eingezogen war, hätte das schwarze Gewand nur Platz verschwendet. Also hing das Stück an einem Nagel, den meine Eltern zur Verfügung stellten – in ihrem Keller, wo einst die Tischtennisplatte klackernd Töne von sich gab. So trug der Talar nur noch den Sinn, ein schöner Stoff zu sein. Wobei er – das ganz nebenbei – die Form besitzt, ins Guinnessbuch der Weltrekorde einzugehen.»Nein, das kann nicht sein«, schüttelte nämlich die Mitarbeiterin den Kopf, die von der ehrwürdigen Talarschneiderei in Hamburg mehrere Stunden bis ins Theologische Seminar gereist war. Sie nahm an uns Vikaren Maß. Noch einmal legte sie das Zentimeterband um meinen Hals: »Ist das denn die Möglichkeit?!« Sie hatte die geringste, je gemessene Talarkragenweite seit Beginn der historischen Aufzeichnungen ermittelt. Hinter vorgehaltener Hand flüsterte sie mir zu: »Normalerweise haben Pfarrer dicke Hälse.« Auch deshalb ist es plausibel, dass ich nicht zum lebenslangen Träger dieses Stoffes wurde. Meine Körpermaße – ein kirchliches Randereignis. Mit dem Ausstieg aus der pfarrerlichen Laufbahn war mir gemäß protestantischem Kirchenrecht untersagt, mich in den schwarzen Stoff zu hüllen – selbst an Fastnacht ist das streng verboten. Weshalb? Weil sonst jeder Dahergelaufene oder Wüstenwanderer sich als königlicher Priester kleiden könnte.

Nun war da aber die Bitte der Kollegin aus meiner neuen Radiowelt, die heiraten wollte. Ich sollte im Land des Bräutigams, am Fuße hoher Berge im urkatholischen Kärnten, einige Worte sprechen. Dadurch erhoffte sich die Braut eine protestantische Farbe innerhalb der katholischen Trauung. Den Mund öffnen – damit würde ich nicht gegen das protestantische Kirchenrecht verstoßen. Das Paar hatte ansonsten keinen evangelischen Redner gefunden, der in die Berge reisen wollte, nur mich, den Ex-Vikar, der sein halbes Leben nach den heiligen Fuchsbergen ausgerichtet hatte. »Du hast doch dieses Gewand?«, fragte sie, als meine Zusage bereits einige Wochen alt und ich fest eingeplant war. Ich verwies darauf, dass das Tragen des Talars jemandem wie mir nach dem Paragraphen- und Regelwerk der Landeskirche verboten sei. Ihr leuchtete das nicht ein, ich wiederum überlegte: Welche Strafe solch ein Vergehen nach sich zöge? Auf alle Fälle würde sie furchtbar sein, schließlich verstößt bereits derjenige gegen die Ordnung, der kein glattes weißes Beffchen anlegt, sondern beispielsweise eins mit eingesticktem Kreuz. Also packte ich den Talar für die Kärntenreise zwar ein, zögerte verständlicherweise aber noch immer, ob ich in das Gewand schlüpfen sollte.

So gut wie niemand war unterwegs, als ich am Tag vor der Hochzeit den Berg erklimmen wollte, zu dessen Gipfel ich bereits einige Male von der Hotelterrasse aus aufgeschaut hatte. Rasch lag die Eisenbahnbrücke, die anfangs über mir schwebte, zu meinen Füßen. Die Wanderzeichen an den Bäumen zeigten sich nur blass, und die in der Wanderkarte eingezeichnete Route lag mit ihnen auch noch im Clinch. Egal, ich brauchte ja nur weiter nach oben zu steigen. Aus der Schwüle des Tals heraus war ich bald in der Kühle angekommen. An den gegenüberliegenden Höhenzügen türmten sich Wolken auf, was auf ein Gewitter in einigen Stunden schließen ließ. Noch höher hinauf führten mich meine Füße – bis ich kaum noch etwas sehen konnte, auch den Gipfel nicht. Ich war in den Nebel eingedrungen. Eine Wolke hatte sich auf den Berg gesenkt und ich wusste nicht, wie es weitergehen sollte.

Auch der Pfad, der inzwischen jede Markierung abgelegt hatte, endete. In der Nebelwolke erkannte ich nur einige Schafe, die grasten – was mich überraschte, handelte es sich doch um spärlich grüne Stellen. Gleich über ihnen regierte nur noch der Fels. Was, wenn ich weiter stieg und mich im Steinigen verirrte? Wo war überhaupt der Gipfel? Jetzt half mir auch die im Schatten der Fuchsberge verbrachte Kindheit nicht mehr weiter. Da verbeugte ich mich in die Richtung, wo ich den Gipfel vermutete – und kehrte um. Wie erschöpft ich war, merkte ich erst jetzt. Die Sehnen schmerzten bei jedem Schritt. Ich war in Gipfelnähe gewesen, zugleich enttäuscht, weil das Tal mit seinem barocken Gotteshaus rasch näher kam – und mit ihr die noch immer ungelöste Frage, ob ich in der Kirche nicht nur den Mund öffnen, sondern auch das pfarrliche Gewand anziehen sollte.

Eine Alm lockte mich, den Abstieg zu variieren. Ich spazierte durch eine Herde von Kühen, als mich die Bäuerin ansprach – mich, den Flachländer, den Ausländer, den Deutschen in Österreich. Nie hätte ich gewagt, von mir aus die am Berg Lebende zu stören. Ihr Ruf jedoch – ich schaute mich noch einmal um – traf mich. Dabei hatte die alte, zierliche Frau, die einer Tänzerin ähnlich zwischen den Kühen schritt, eigentlich nicht nötig, mir das Gefühl zu geben, mehr als ein Tourist zu sein. Denn auf dieser Alm gab es nichts zu kaufen. Ob ich auf dem Berg gewesen sei? Kaum konnte ich ihre Frage verstehen, geheimnisvoll groß, bergnah und wettererfahren klang die Melodie ihres Sprechens. »Nein, nein«, versicherte ich, »ich bin nicht dort gewesen, habe den Weg im Nebel nicht gefunden.« Trotzdem hob sie erstaunt die Brauen, dass ich bergauf gewandert sei. Sie – die Bergbewohnerin! – fragte, ob es von oben etwas Neues gebe. Sie musterte mich, legte leicht den Kopf zur Seite. Und wieder: Dass ich in der Wolke gewesen sei. Laut war ihre Stimme nicht, mir aber war, als ob ein Glühen aus ihr klang und sich Zartheit, Nebelrauch und Gewittermurmeln zugleich in sie gefädelt hätten. Es war eigenartig: Indem die Bergbäuerin fragte und lauschte, kleidete sie mich, den Menschen aus der Ebene, Wort für Wort in das Gewand eines königlichen Experten.

»Gelobt sei Jesus Christus«, sagte der Ministrant, als ich mit dem Priester vor der Trauung die Sakristei betrat. »In Ewigkeit. Amen«, antwortete der katholische Liturg. »Schöner Stoff!«, freute er sich über meinen Talar. An der Kirchentür warteten wir auf das Brautpaar. In mein Beffchen war kein Kreuz eingestickt, was mich schon wieder ins Philosophieren brachte: Ob es vielleicht ein korrektes Leben im protestantisch-kirchenrechtlich unkorrekten Leben gibt? Die Orgel brauste auf, wir zogen durch den Mittelgang, ein Paar in kirchlichen und das zu trauende Paar in noch viel festlicheren Gewändern. Königlich aufgerichtet gingen wir auf den einige Stufen erhöhten Chorraum zu, an dessen Seitenbänken keine Mönche zum Stundengebet saßen, sondern eine heilige und sommerlich-festlich gekleidete Gemeinde. Welche

Erwartung! So feierte die Freundlichkeit Gottesdienst am Berg. Danach – wieder in der Sakristei – hatte ich ins alte Kirchenbuch meinen Namen zu schreiben. Und der Priester ergänzte mit seiner Hand: *Pfarrer, Frankfurt am Main*. Er tat es mit feinem Lächeln – und in ihm sah ich das der Bäuerin, der ich am Berg begegnet war. Es erzählte, was in keiner Talar- und Kirchenordnung steht, wovon jedoch die Bibel spricht: Wer in Bergnähe gerät, kann zum Bürger eines Volks aus königlichen Priestern werden.

Eigenhändig geschrieben

Das eingemeißelte Wort

Als Junge holte ich gern meine Urkunden hervor, die ich bei
Waldläufen und anderen Sportfesten errungen hatte. Auch die
von meinen Brüdern betrachtete ich oft, sie hatten schon viel
mehr als ich gesammelt. Altertümliche Buchstaben zierten die
Schriftstücke. Unterschrieben waren sie von Menschen, denen
ich noch nie die Hand gegeben hatte. Ich wusste nicht einmal,
wo sie wohnten – was den Wert der Papiere in meinen Augen nur
erhöhte. Mit dem Finger fuhr ich die leicht gewölbten Buchstaben nach. Die Urkunden in meinen Händen bestätigten, dass
mein Rennen nicht ziellos war.

Die Israeliten, die am Berg lagerten, hatten auf ihrer Wanderung
bereits viel Schweiß vergossen. Nur lag nichts in ihren Händen,
das den bisherigen Weg bestätigte und greifbar werden ließ. Der
Start war kraftvoll gewesen, das Meer vor ihnen zurückgewichen.
Nun zweifelten sie wieder. Viele Monate lagerte man schon am
Berg, es ging nicht voran. Wo war die Quelle ihrer Kraft? Sie zeigte
sich nie direkt, befand sich irgendwo – und manche sagten, sie
sei ohnehin nichts anderes als ein Nirgendwo. Das vor die Füße
gefallene Manna war greifbar, allerdings verderblich, Nahrung
nur für den Augenblick. Auch Mose wollte nicht mehr mit leeren

Händen leben – und sprach zu Gott: *Wenn nicht dein Angesicht vorangeht, so führe uns nicht von hier hinauf* (Exodus 33,15). Der Weg ins Gelobte Land würde noch mühsam werden: Dass das Ziel noch lange nicht ergriffen war, hatte Mose längst begriffen. So bat er Gott, sich deutlicher zu zeigen – sonst wäre Schluss! Als Mose diese Bedingung stellte, war er bereits wieder auf den Berg geklettert, diesmal ohne weitere Hebräer, nur sein Diener Josua war mitgekommen. Aber auch die, die unten lagerten, hofften, dass die göttlichen Versprechen endlich an Realität gewönnen. »Wir waren lang genug Idealisten«, sagten sie im Tal zu Aaron, der seinen Bruder Mose vertrat. Die Sehnsucht müsse endlich greifbar werden, forderte das Volk: Die Himmelsmacht soll nicht nur mit Blitzen zucken, sondern langfristig vor Augen treten. *Auf, mach uns einen Gott, der vor uns hergehe!* (Exodus 32,1) Sie nahmen Ringe von den Ohren, legten sie zusammen und formten ein Kalb, das glänzte – zwar nicht wie Honig aus dem Gelobten Land, aber es war ein Bild aus Gold. Das Tier konnte zwar nicht gehen, trotzdem sagte man einander, dass es sich um die Kraftquelle der Freiheit handle: *Das ist dein Gott, Israel, der dich aus Ägyptenland geführt hat!* (Exodus 32,4) Endlich war die Macht sichtbar geworden. Das göttliche Gerede hatten sie satt, diese sich ständig ändernden Versprechungen von dem, was kommen sollte. Später. Sie saßen in der Wüste fest, sesshaft waren andere. Nicht *einen* Samen hatten sie in die Erde legen können, auch in Oasenregionen nicht, weil sie früher oder später weiterwandern würden. Und auch das schien nicht sicher. Jetzt aber stand Gott vor ihren Augen, war greifbar geworden. »Also ich bin jetzt zufrieden«, fing der erste an. Es war ein Satz, der Schule machte, er wurde bald zur Leier, fast ein Tick, Israel klang wie ein riesiger Fischer-Chor: »Ja, ich auch, also ich bin sehr zufrieden – wir alle sind ja so etwas von zufrieden!« Dann lachten sie: »Nur Mose ist immer ein wenig unzufrieden – wahrscheinlich ist er deshalb oben auf dem Berg zur Therapie.« Das Leben, zu dem sie dieser immer schon ein wenig verrückte Mose überredet hatte, galt ihnen nun als unsinnig, weil es in der Zukunft beginnen sollte. Das Stierbild dagegen war Gegenwart, verlässlich und änderte nicht immer seine Meinung. Gott im Himmel jedoch, der Liebhaber der Freiheit, hatte keine Lust gehabt, sich in ein glänzendes Stiergesicht zu zwängen. Wie er überhaupt mit nichts, auch nicht mit dem Berg Sinai verwechselt werden wollte. Er wohnte und thronte noch nicht einmal auf Gipfeln, auch wenn er sich dort zuweilen niederließ. Unfassbar! Anfassen ließ er sich nicht, war nicht berührbar, keiner, der sich verwerten und bewerten ließ. Nie ließ er die Hüllen fallen, sondern liebte die Verhüllung, auch jetzt, da er Mose zu sich in die Wolke gerufen hatte. Trotzdem war Gott bereit, sich zu ändern: Er wolle sich offenbaren und mehr von sich geben als Manna. Das Himmelsbrot verdarb – und barg überdies die Gefahr, ein Volk von Träumern zu bloßen Konsumenten zu machen. Also wollte Gott den Hebräern Verlässliches in die Hände drücken, das ihnen zu denken gab. Eine Art Visitenkarte war das, nur anders als die 250 Exemplare, die ich mir einmal für 17 Euro 95 im Internet besorgte. Im Preis enthalten war eine glänzende Oberfläche. Die Visitenkarte Gottes freilich blinkte nicht, auch war sie nicht golden wie das Kalb, um das die Hebräer tanzten und riefen: »Wir sind ja so was von zufrieden!« Die Karte, die Gott geben wollte, hatte er selbst gemacht, es waren gemeißelte Worte, die unvergänglich werden sollten. Gott gefiel seine Hand- und Schreibarbeit so sehr, dass er sie vierzig Tage und Nächte lang erläuterte. *Und als der **Herr** mit Mose zu Ende geredet hatte auf dem Berge Sinai, gab er ihm die beiden Tafeln des Gesetzes; die waren aus Stein und beschrieben von dem Finger Gottes* (Exodus 31,18). Ganz oben auf den Tafeln standen Worte, die ähnlich formuliert im Tal auch über das Stierbild gesprochen wurden. Gott aber sagte sie von sich selbst: *Ich bin der **Herr**, dein Gott, der dich aus*

Ägyptenland, der Knechtschaft, geführt hat (Exodus 20,2). Dieser Satz unterschied sich von dem Rufen der Hebräer auch deshalb, weil Gottes Finger die Worte eingegraben und die Freiheit unterschrieben hatte. Es war mehr als eine Unterschrift, eher eine Überschrift für all die anderen Worte auf den Tafeln, die folgten. Es war das Urwort, eine Kunde in Stein gesetzt, aus der sich Gott für alle Zeiten nicht entlassen würde. Gott hatte seine Befreiungstat festgemeißelt. Es war sein Ausweis. Neben dieser Überschrift enthielt er Weisungen, die den Weg ins Gelobte Land und das künftige Leben erleichtern wollten: die Zehn Worte, später auch Gebote genannt. Ein Volk von Träumern sollte zu Tätern werden. Die Taten dienten dem Guten. Die Fingerarbeit Gottes war eine materielle Bestätigung, die hoffen ließ: Der bisherige Weg war nicht umsonst, er wird in die Geborgenheit und nicht etwa in Gefangenschaft, Heimatmief oder einem Leben münden, in dem es Unterdrücker und Bedrückte gibt.

Niemand weiß, wie lange Gott seine Worte in die beiden Tafeln gemeißelt hatte. Aber vor den Augen Moses lag nun der Beweis, dass Gott auf die Sehnsucht der Heimatlosen eingegangen war. Er hatte sein Versprechen in Stein geschrieben. Man bedenke! Der Himmlische hatte weder Sekretärin noch Engel per Diktafon zum Schreiben angewiesen. Die Buchstaben waren auch nicht mit Zauberhand oder einem Fingerschnipsen auf den Tafeln erschienen. Stattdessen hatte Gott es sich nicht nehmen lassen, mit dem eigenen Finger Kerben zu hinterlassen. Als Mose das Handwerk Gottes überreicht bekam, war das vielleicht so, wie wenn man ein frisch erschienenes Buch geschenkt erhält. Freundlich liegt es in den Händen, ist meist noch eingeschweißt. Den Umschlag aber kann man durch die Folie hindurch schimmern sehen. Lasse ich das Werk aus der Plastikhaut hinaus ins Freie, entdecke ich zuweilen ein Lesebändchen. Es geht diesem Buch offenbar um mehr als nur ideelle Werte, es will auch als kunstreiches Handwerk erkennbar sein. Ich atme den Geruch der neuen, frisch gedruckten Seiten. Und eine freudige Erwartung öffnet sich dem Geschenk, das ich aufzuschlagen beginne. Vierzig Tage und Nächte hatte Mose von dem Werk reden gehört. Jetzt hielt er es in Händen, vom Autor persönlich signiert, vom größten Schriftsteller aller Zeiten, von Gott selbst. Noch mehr: Der Autor hatte es nicht nur signiert, sondern es war sein Manuskript: einmalig – und womöglich um Vieles wertvoller als ein auf das Antlitz Gottes geworfener Blick, der fantastisch visionär, aber nicht greifbar und haltbar gewesen wäre. Nun aber lag die Handschrift Gottes in Moses Händen. Nicht überliefert ist, wie die Zeichen ausgesehen haben, ob Gott die Freude über seine Befreiungstat etwa mit kühnen Bögen sichtbar werden ließ. Denn die Urkunde, mit der der Ewige auf die irdische Sehnsucht der Hebräer eingegangen war, überlebte nicht.

Mose zerstörte das Handwerk Gottes. Es geschah, als er die Wolke verlassen und hinabgestiegen war. Das Volk machte dem goldenen Kalb schöne Augen, das in seinem kurzen Leben noch keinen einzigen Finger bewegt, geschweige denn damit auch nur einen Buchstaben in Stein gerieben hatte. Mose sah das und schlachtete das Kalb, indem er es schmolz und zu Pulver rieb. Davon ließ er die Hebräer trinken. Da war es aus mit der greifbaren Herrlichkeit in Gold. Oder umgekehrt: Sie war so greifbar, dass sie sich sogar verschlingen ließ. Aber auch das himmlische Schreiben lag in Scherben. Denn der beschenkte Mose war ergriffen worden – von der Wut. Die aufdringlich zur Schau gestellte Selbstzufriedenheit hatte ihn so tief deprimiert, dass er das Handwerk Gottes nicht mehr halten konnte. *Als Mose aber nahe zum Lager kam und das Kalb und das Tanzen sah, entbrannte sein Zorn, und er warf die Tafeln aus der Hand und zerbrach sie unten am Berge* (Exodus 32,19).

Womöglich hatte der Kletterer die Tafeln nicht genug geachtet? Natürlich war ihm klar: Es waren von Gott persönlich eingegrabene Sätze. Nur waren die beiden Brocken aller Göttlichkeit zum Trotz für Mose auch sehr schwer gewesen. Sie hatten den Abstieg noch mühsamer werden lassen als zuvor den Weg hinauf. Wie auch immer: Das Stierbild war pulverisiert, dazu die göttliche Bescherung am Fels zerschellt. Mit leeren Händen standen alle da, die gehofft hatten, nicht als unaufhörliche Idealisten verlacht zu werden. Und Gott? Er reagierte nicht wie eine launenhafte Diva, brach den Kontakt zu Mose nicht ab. Stattdessen kam es zur Wiederholung. Gott gehörte also nicht zu jenen Künstlern, die so tun, als ob sie unablässig Neues schaffen könnten, sondern wies Mose an: *Haue dir zwei steinerne Tafeln zu, wie die ersten waren, dass ich die Worte darauf schreibe, die auf den ersten Tafeln standen, welche du zerbrochen hast* (Exodus 34,1). Etwas freilich war jetzt anders: Die ersten Steine hatte Mose geschenkt bekommen, beim zweiten Mal sollte er das Material für den schreibenden Finger Gottes selber liefern. Der Berggänger musste die beiden Tafeln nun sogar auch noch aufwärts schleppen. Vielleicht hoffte Gott, dass Mose dadurch das Material achten lernte, in das die Worte erneut eingegraben werden sollten. Mit den leeren Seiten unterm Arm mühte sich Mose also nach oben – ohne Josua, der ihn beim vorherigen Heruntertragen gelegentlich geholfen haben mochte. Er war allein. Gott hatte es so gewollt: Kein Rind, noch nicht einmal ein Schaf sollte in der Nähe grasen (Exodus 34,3). Mose ganz für sich – was hatte Gott denn nun schon wieder vor? Vermutlich beschreibt dieser göttliche Wunsch, was wohl nur abseits von Tagungen, Rednerlisten, Teamarbeit und anderen Gemeinschaftsritualen möglich wird: Entscheidende Worte findet man unbegleitet, wenn man an die Grenzen geht, ins Gebirge, in eine Wolke oder in die Dunkelheit hinein, wo man nichts sieht, nichts erkennt, und irgendwann auch nicht mehr weiß, wo oben und unten ist – – – und wenn alles fraglich ist, kann manchmal eine Stimme klingen. Worte, leise nur, zugleich kraftvoll und klar, die stärker sind als jenes Land, das in ständigem Sonnenlicht badet.

Von solcher Einsamkeit ahnte Mose freilich nichts, was gut war, weil er sonst nicht weiter nach oben geklettert wäre. Ihn trieb eher die Aussicht an, mehr vom Geheimnis Gottes erhaschen zu können. Beim ersten Mal hatte es wochenlange, göttliche Erklärungen gegeben, bevor er das Tafel-Werk empfangen hatte. Nun war er gleichsam in die Buchherstellung eingestiegen, da er das Material zur Schreibwerkstatt Gottes brachte: Ob er diesmal dem göttlichen Schreiber sogar über die Schulter schauen würde? Zunächst aber hörte Mose wieder Gottes Rede zu. Nur schien dieser am Ende seinen Finger vergessen zu haben, als er zu Mose sagte: *Schreib dir diese Worte auf, denn aufgrund dieser Worte habe ich mit dir und Israel einen Bund geschlossen* (Exodus 34,27). Was war das? Gott tat, als ob er seinen neuerlichen Schreibwillen zuvor mit keinem Wort angekündigt hätte. Weshalb änderte er schon wieder seine Meinung? Weil in dem gerade geschlossenen Bund wohl nicht nur er, sondern auch die andere Seite dem Handwerk dienen sollte. *Und er war allda bei dem **Herrn** vierzig Tage und vierzige Nächte und aß kein Brot und trank kein Wasser. Und er schrieb auf die Tafeln die Worte des Bundes, die Zehn Worte* (Exodus 34,28).

So viel Arbeit! Kein Manna fiel vom Himmel. Mose war auf dem Berg in Himmelsnähe, nur fühlte er sich nicht himmlisch, weil ihn natürlich hungerte. Doch die Idee, die Tafeln diesmal vom Menschen beschreiben zu lassen, war genial. Gott hatte es sich eben anders überlegt, er verbesserte gern – und auch noch sich selbst! So lebendig waren er und seine in der Wolke zu hörende Stimme – entschieden anders als das goldene Kalb, dieses starre tierische Wesen, das in seinem kurzen Leben keinen Mucks von sich gegeben hatte. Eigenartig: Bald hatte Mose Durst und Hunger vergessen, wie es oft geschieht, wenn man sich bei einer Arbeit vergisst. So mancher ist schon in den Keller verschwunden, man sieht und hört nichts mehr von ihm, allenfalls ein Hämmern und ein Sägen – und wenn man ihn nicht ins obere Hausgeschehen zurückholt, bliebe einer dort sicher vierzig Tage und Nächte am Werk. Die übrige Welt verschwand, als Mose meißelte, er kam ohne Stärkung aus – und schien doch unglaublich große Kraft in seinen Fingern zu haben. Dann wieder tat ihm alles weh. Mose überhörte den Schmerz, er konnte nicht anders, weil Gott sein Werk nicht ohne menschliche Mitarbeit in die Welt entlassen wollte. Ganz allein, vom Rumoren der Welt getrennt, schuf ein Wolkenbewohner auf Zeit Worte für die Ewigkeit, die überhaupt nichts Neues waren. Sie hatte es bereits zuvor gegeben. Es war die göttliche Unterschrift zum Zweiten, die belegt, dass Gott sich mit den Menschen verbündet. Mose eiferte der Hand Gottes nach, er war jetzt selbst ein Finger Gottes – nur war da von Inspiration und Leichtigkeit nicht eine Spur. Es blieb ein schweres Handwerk, das Spuren hinterließ, getrieben in Stein, begleitet von der Einsamkeit. Mose zeichnete nach, was schon vor ihm war – doch das tat er mit unverwechselbarer Hand und persönlichem Geschick. Hunger, Konzentration und Kopfweh flossen in sein Schreiben ein und Schweiß, so viel Schweiß. Dabei war es in der Höhe doch sehr kühl. So hinterließ Mose auch sich selbst in diesen Tafeln.

Nun hatten beide geschrieben, Mensch und Gott, jeder ganz für sich – und beide zusammen. Sie wurden einander ähnlich, indem sie ihre Hände gebrauchten – und waren doch nicht eins. Denn die Tafeln, die zerbrochen sind, und die, die Mose schrieb, unterschieden sich. Die Sätze waren geblieben, zugleich aber auch neu geschrieben. Sie setzen sich mit jedem fort, der die Zehn Worte mit dem Leben weiterschreibt. Es ist die Urkunde, dass Gott der Feind von jeglicher Gefangenschaft ist. Moses Meißeln war nicht das Werk eines Originalgenies, das mit jeder Veröffentlichung das ganz Andere schaffen will. Trotzdem war es Kunst, ein Werk von Händen, das ohne Tradition nicht leben will. Keine stupide Imitation, sondern ein Nachfahren göttlicher Worte und Sätze, in die sich ein Hörer, Leser, Schreiber, Erzähler hinein vertieft, um sie auf persönliche Weise zu bewahren. Moses Schreiben war poetisch – wie auch das Geschriebene, seine in Stein gemeißelten Worte, poetisch sind. Wer sie spricht und weiter trägt, wird zum Künstler. Das Alte klingt nie alt, wenn man es selbstvergessen und leidenschaftlich in die Gegenwart hinein schreibt und lebt. Selbst wenn man sein persönliches, zugleich traditionsreiches Werk nach weit mehr als vierzig Tagen aus den Händen lässt und dabei womöglich dünn, steif und schief geworden ist. Es ist dann nicht mehr meins, sondern eine Wiederholung des Alten, in das ich die Gegenwart und auch mich selbst hineingeschrieben habe.

Mose – so hoffte Gott – sollte die Worte nie mehr zerstören, sondern hören und auf stets neue Weise wiederholen. Die Worte waren nicht Gott selbst, aber begreiflich, handhabbar – und eine Urkunde, die bestätigte: Die Hornhaut an den Füßen der Nomaden ist nicht umsonst. Die Hebräer waren fortan mit diesen Tafeln zusammen auf dem Weg. Die Zehn Gebote nachzuleben, scheint freilich nicht immer ein Honigschlecken – Milch- und Honiggefühle kann es dabei trotzdem geben. Denn wer die Worte Gottes mit Lust und Eifer nachmalt, ahnt Geborgenheit. Sie ähnelt jener wunderbaren, lösenden Befriedigung, die man spürt, wenn man sein fertiges Werk in Händen hält, mag es auch noch so winzig sein. Entscheidend aber ist für mich: Das Persönliche und Unvollkommene macht die Weisung Gottes überhaupt erst reich. Denn die von Mose gehauenen Tafeln waren schließlich Menschenwerk, sein Schriftbild nicht perfekt. Die Zeichen sahen bestimmt nicht so elegant aus wie die, die er am Fuß des Berges zerbrochen hatte. So war letztlich Moses überschäumender Zorn der Ausgangspunkt dafür, dass die Gebote Gottes menschlich und poetisch wurden.

Denn das von Mose Gemeißelte war schön – wie wenn Liebende ihren Bund und ihre Namen in Baumstämme ritzen oder in Steine von Aussichtstürmen kratzen. Es erinnert auch an das Schreiben, mit dem Kinder alte Verse in Poesiealben eintragen. Sie wollen keinen Fehler machen, schon wegen des kostbaren Papiers – fast jedes Mal schleicht sich trotzdem einer ein. Die Hingabe beim Schreiben jedoch befreit. Oft ist es der immergleiche Vers, der durch die Wiederholung ein individuelles Gepräge gewinnt – denn jedes Kind hat ihn auf die ihm eigene Weise eingeschrieben. Auch das ist ein kunstreiches Handwerk nach der Art des Mose – nicht anders als es in der Bücherei meines Dorfes zu erleben war, als ich als Kind zum regelmäßigen Leser wurde. Dort wurden Signaturen mit fester Hand in die Ausleihkarte geritzt. Zeichen dafür, dass Bücher ähnlich den Zehn Worten von Auge zu Auge weiterwandern können. Der Inhalt bleibt – und doch beleben sie sich neu mit jedem, der seine Gedanken durch die Geschichten ziehen lässt. So sahen die Bücher dann auch aus: Berührt – und in meinen Augen niemals ausgelesen. Die ersten Tafeln, die Gott direkt gegeben hatte, waren nicht zerfleddert oder angegriffen. Nur war in ihnen nicht die Leidenschaft derer eingegangen, die die Worte mir ihrem Leben weiterschreiben wollen. Die zweite Version hingegen war zum ewigen Gebrauch bestimmt. Ähnlich scheint es mit dem heiligen Buch, der Bibel insgesamt zu sein, in die die Zehn Worte und die Befreiungsgeschichte Moses eingegangen sind. Zum Künstler wird, wer die biblischen Weisungen und heiligen, befreiend alltäglichen Geschichten kommentiert und weiter schreibt, sich ärgert, fragt und bangt, bis die göttlichen Worte sich verhaken, nicht selten

schmerzen – und endlich lösen und dann wieder einen Sinn ergeben. Das ist Tradition – aber eine, die die Freiheit wahrt, weil
die Bibel nämlich noch selber denken lässt.

So war es gekommen, dass ein Volk von Träumern, das sich an
den Füßen viele Blasen gelaufen hatte, Gottes Wort in Händen
hielt. Das war nicht von Pappe – und dennoch transportabel.
Diese Sätze waren nicht geschaffen, um stehen zu bleiben, Re-
gale zu füllen und Wohnzimmer repräsentabel zu machen. Die
Hebräer hatten keine festen Wohnungen. Die Tafeln blieben in
Bewegung, vielleicht nicht anders als die Bücher, die meine Eltern eigentümlicherweise in der Diele postiert hatten. Hat es an
diesem Durchgangsort gelegen? Ich ließ die Bücher dort nicht
stehen, sondern zog an ihren Rücken, damit sie aus dem Regal
ins Leben purzelten und ich sie liegend las, um als Leser niemals
liegen zu bleiben, sondern weiter zu wandern in ein Land, wo die
Tradition auf poetische Weise befreit.

Heiliges Büdchen

Die Stiftshütte

Mose hatte den Hebräern Tafeln gebracht, deren Worte nicht eher Ruhe geben würden, bis sie ins Gelobte Land eingegangen wären. Und auch dort sollten sie noch weitertönen. Nur wo sollten die Tafeln in der Zeltstadt bis zum Aufbruch bleiben? Die Hebräer waren am Berg Sinai zu Dauercampern geworden, viele Monate lagerten sie dort schon. Auf dem Berg hatte Mose mit den Tafeln zusammen auch die Konstruktion für ein Zelt erhalten, in dem die gemeißelten Steine wohnen sollten: die Stiftshütte. Viele Hebräer eiferten nun dem Kunsthandwerker Mose nach, um die Hüttenidee Materie werden zu lassen. Bald konnte das Zelt aufgeschlagen werden, das aus vielen Stoffbahnen bestand. Und den Boden belegten Teppiche. Es war ein heiliger Raum, über dessen Inneres berichtet wird: *Der Herr redete mit Mose von Angesicht zu Angesicht, wie ein Mann mit seinem Freunde redet* (Exodus 33,11).

Moses junger Klettergenosse schien sogar einen Lieblingsplatz gefunden zu haben. *Sein Diener und Jünger Josua, der Sohn Nuns, wich nicht aus der Stiftshütte* (Exodus 33,11). Josua wäre gern für immer geblieben. Die meisten Hebräer schauten lieber aufmerksam und aus der Ferne, wenn sich ihr Wanderführer in den heiligen Raum aus Stoff begab. *Wenn Mose hinausging zur Stiftshütte, so stand alles Volk auf, und jeder trat in seines Zeltes Tür und sah ihm nach, bis er zur Stiftshütte kam* (Exodus 33,8). Sie lag nicht im Zentrum des Lagers, sondern etwas außerhalb – das Heilige zeigt sich eben oft als Randexistenz oder in Grenzgebieten.

Ich erinnere mich an eine Hütte, die am Rand des Dorfes meiner Kindheit errichtet wurde. Von dort aus konnte ich die fest gebauten Einfamilienhäuser gerade noch erkennen. Warum ich dort war? Es sollte ein Abenteuerspielplatz für zwei Tage entstehen. *Abenteuerspielplatz* – das schien selbst für fantasielustige Ohren eine grenzenlose Übertreibung zu sein. Denn nirgendwo wurden Klettergeräte oder Seilbahnen aufgebaut. Der Boden beherbergte Staub und Steine, nur wenige Grasbüschel hatten sich auf ihm verirrt – solche Plätze gab es in dem Dorf damals noch, ehe man ihnen im Lauf der Jahre mit Asphalt den Abschied gab. Noch nicht mal eingezäunt war dieses Staub- und Steinefeld und dadurch so frei, sein Gesicht zu wandeln. Er wurde in der Tat zum Abenteuer. Bretter, Balken und Schrott waren zu Hügeln aufgetürmt. Die Aufgabe für Kinder und Jugendliche: Budenbau. Als ich, leichter als die anderen in meiner Hüttengruppe, ins Geschehen eingriff, stand bereits der Rohbau. Jetzt wurden Bretter an die Balken geschlagen. Ich stieg aufs Dach, in das ich Nägel trieb. Stetig baten wir bei der Lagerleitung um neues Material. »Komm mal rein!«, wurde hochgerufen. Ich kletterte hinab, blieb aber – anders als Josua – nur kurz im Inneren der Hütte. Alte Kissen hatten dort eine neue Heimat gefunden, indem für sie aus Brettern ein schräg-gemütliches Sofa gezimmert worden war. Traumhaft war der Blick durchs Fenster hinaus – dorthin wollte auch schon wieder ich. Wieso? Weil mir das Innere der Hütte gefährlich-heilig erschien. Fast fürchtete ich, dass die Magie verloren ginge, wenn ich zu lange lagerte. Das Werk war schließlich noch lange nicht beendet. Wieder hämmerte ich Nägel ins Dach. Das stete Klopfen klang wie eine Sehnsucht: dass die Geborgenheit unter mir für immer bliebe.

Unterdessen zeichneten sich auf dem Gelände viele Buden ab, manche leicht wie ein Gerüst aus Stöcken, viele behaglich klein. Dazwischen unsere Hütte, deren Wände wir gegen Abend mit leuchtendem Ocker anstrichen. Und dann: Alles weg! Am andern Morgen waren von weitem nur noch Bretter, Balken, Schrott zu sehen – aber nicht zu Hügeln aufgetürmt, sondern über den Platz zerstreut. Jugendliche Gewalt hatte sich an den Hütten ausgetobt und mein Herz beschädigt, das sich an eine Bretterwelt verloren hatte, die heilig war. Ich strich durch die Trümmerlandschaft – aber das konnte doch nicht sein, war sie das oder etwa nicht? Unsere Hütte war offenbar so bretterbewehrt und nägeldurchsetzt, dass sie der Gewalt energisch widersprochen hatte. Rasch stolperte ich durch die Trümmer an meine Sehnsucht heran. Dann stand ich vor der Tür, um nicht weiterzukommen: Das Spiel war aus, endgültig, der Eingang verrammelt. Die Bude stand, nur konnte ich nicht mehr in ihren Zauber zurück, ich war ratlos, genau wie die vielen anderen hütten- und heimatlosen Kinder auf dem Platz, der sein Abenteuer verloren hatte.

Die Hebräer schufen am Fuß des Sinai-Massives keinen Tempel aus Stein, sondern eine Hütte. Entsprechend müssen es nicht immer Kirchen oder Kathedralen sein, die erhaben sind. Selbst in Museen wird gepilgert, in ihnen flüstern Besucher und schleichen mit gebremsten Bewegungen von Raum zu Raum. Es gibt in Städten fantastische Türme, die eine so hohe Ausstrahlung besitzen, dass sie selbst von weit entfernten Bergen zu entziffern sind. Aber doch wohnt in meinen Augen den Büdchen, Hütten und vielen Nebenräumen ein besonderer Zauber inne. Ich entdeckte ihn schon früh, vielleicht gerade weil ich sie – nicht anders als der gewöhnliche Hebräer – so gut wie nie betrat. Dazu zählte auch das

Ständchen – das Dorf, in dem ich aufgewachsen bin, verfügte über drei. Dabei handelte es sich um hüttenähnliche Gebäude, deren mysteriöse Kraft ich bereits spürte, wenn ich sie von Ferne sah. Jeder Kiosk befand sich – nicht anders als die Stiftshütte – etwas außerhalb: Einer am Bahnhof, der andere unweit der Schule, die den Dorfrand markierte, der dritte in Sportplatznähe. Menschen, die nicht satt und sicher im Leben sitzen, standen am Ständchen, tranken, sprachen, lachten. Es muss die von diesen Buden ausgehende Macht gewesen sein, die mich – von Geburt an eher schüchtern – zu Mutanfällen reizte. Ich wagte mich neben die dort Stehenden zu stellen, mich anzustellen, vorzudringen bis zum Fenster des Kiosks, um die Leidenschaft offen auszusprechen. Die Wünsche waren süß. Ich sah sie hinter den Fenstern zur Rechten und zur Linken der Luke, in die hinein ich meine Sehnsucht sprach. Die Hoffnung spielte sich vor meinen Augen sehr groß auf – und hielt, was sie versprach. Mein Lieblingskiosk war der am Sportplatz, an jenem Gelände, das mir wie ein Sinnbild des Nomadenwesens erscheint. Nicht nur im Wald, sondern auch dort liefen wir ständig im Oval, was nüchtern betrachtet keinen Sinn besaß, weil wir niemals richtig vorwärts kamen. Auch auf der Laufbahn fielen Ziel und erneuter Start in eins. Ich setzte einen Fuß vor den anderen und hoffte: Wenn ich in Bewegung bleibe, komme ich eines Tages an. Ich wusste nur nicht, wo. Ich ahnte aber, es würde noch schöner sein als die Bewegung selbst. Und heute? Wenn ich zurückschaue, ist mir, als wäre ich längst am Ziel gewesen – in diesem ständigen Laufen. Außerdem konnte ich von der Aschenbahn aus die Bücherei und auch das Ständchen sehen. Das war nicht zu übertreffen, alles lag dicht beieinander: Sportplatz, Kiosk und der Ort, in dem Bücher und Geschichten in Bewegung kamen – das Dreieck meiner Sehnsucht.

»Rogers Mutter!«, hieß es während einer Übungsstunde auf dem Sportplatz. Damit war klar: Wir würden der Geborgenheit noch näher kommen. Der Ruf war eine Art *Sesam öffne dich*, der von Mund zu Mund bei denen sprang, die gewohnt waren im Oval zu rennen. Roger war der mit Abstand Schnellste unter uns – wir schauten zu ihm auf und ihm zu, wenn er auf Wettkämpfen als Erster ins Ziel sprintete. Dann trugen wir unser Trikot zur Schau, wir hatten ja das gleiche wie er, es war blau. Als ich die Worte hörte, winkte mir das Paradies. Denn Rogers Mutter hatte den Kiosk übernommen, diese heilige Hütte, die ich viele Male am Tag passierte. Ich kannte alle Wege im Dorf, sie führten immer wieder an diesem Ständchen vorbei, damit ich meine Sehnsucht schauen konnte. Von jetzt an diente Rogers Mutter der Fülle, von der wir kosteten, um dann wieder loszuradeln – oder weitere Schritte auf Trimm-dich-Pfad und Aschenbahn zu setzen.

Rogers Mutter und der Sohn, der ihr im Kiosk half, waren Mose und Josua, sie waren sehr oft in der Hütte. Und ich? Ein Mal schlüpfte ich hinein – weil ich Vereinskamerad von Roger war. Damals hatte ich noch Vitamin B. Trotz meiner guten Beziehungen – zu nahe wollte ich dem Geheimnis des Lebens nicht kommen. Nein, ich mochte lieber weiter durch die Luke schauen, wie die Priesterin oder der Heilige, der Schnellste im Verein, den Weg zu der weiter hinten im Raum gelegenen Eistruhe schritten. Es war die Zeit, als man noch staunen durfte. Und niemand lachte, wenn ich träumte. Wir taten es doch alle – oder etwa nicht? Die Eigenheime jedenfalls besaßen noch keine Sicherheitszäune, sondern kleine Mäuerchen. Für mich wohnte in unserem Dorf ein Volk von Fantasten, das seine Zelte im Schatten des Waldes aufgeschlagen hatte. Dort pflegte es die Mythen, die sich um die Fuchsberge rankten. Und ich fühlte mich als Nomadenkind auf dem Weg in eine Süße, die mir am Kiosk vor Augen stand. Oft kam ich dort an, um dann wieder aufzubrechen. Die Leute, die am Ständchen standen, machten mir nicht Angst. Sie freuten sich und traten höflich zur Seite, weil sie erkannten, dass ich von kindlicher Sucht getrieben war. Ich wollte mehr, immer mehr und konnte mich kaum beherrschen. So ist es geblieben. Das Paradies, das in dieser Hütte seinen Anfang nahm, ist nicht gesund. Wann ist das Leben gesund? Der Rausch erzählt auch nur davon, dass es etwas geben könnte, was schöner ist als das, worin man nicht für immer bleiben will. Diese heilige Hütte war auch gebaut für die, die standen und tranken, für wen sonst? Die vielleicht so viel Sehnsucht kennen, dass sie sie nicht leben können. Mochten sie nicht als heilig gelten – auch sie hatten Respekt, sie wollten nicht ins Allerheiligste hinein, sondern vor dieser am Rand gelegenen Hütte stehen und schauen. Weniger die Trunkenen, sondern die stets Nüchternen machen mir noch heute Angst. Die fest sitzen, niemals gehen und in ihrem ganzen Leben nicht ein einziges Mal am Ständchen standen, sondern immer wissen, wie man richtig lebt. Machen *sie* denn alles richtig? Wer weiß: Zu Hause schlucken sie in ihren Häusern hygienisch sauber Tabletten, um ihren ordentlich angelegten und gesunden Alltag auszuhalten. Aber was sage ich: Auch sie sind mir sympathisch. Die Fassung verliere ich nur dann, wenn mir Menschen meine Hoffnung auf ein gelobtes Land austreiben wollen, weil sie Vertreter eines Lebens sind, das rund wie eine riesige Tablette ist, mich in ein einziges Narkotikum drängen wollen, Menschen, die noch kein einziges Mal fehlgetreten sind, weil sie niemals in ihrem Leben loszulaufen wagten, die keine Tiefe kennen, weil sie niemals auf eine Höhe hofften. Und wenn doch, dann sprechen sie längst schon wieder unentwegt von ihrem runden, zufriedenen und flachen Leben, bis sie den einstigen Wunsch ausgemerzt haben, der keine Spuren hinterlassen soll – ach, wären sie doch endlich still, ein einziges Mal nur ruhig, diese Menschen, die so furchtbar ausgeglichen und gefesselt in ihrem geliebten Ägyptenland vegetieren und anderen befehlen, mit ihnen zusammen als Sklaven zu leben.

Ich weiß: Trunkenheit gibt es nicht ohne Nebenwirkungen. Ich zähle sie jetzt nicht alle auf, ich bin so frei, das sein zu lassen. Warum? Weil ich ein Drittel meines bisherigen Lebens damit verbracht habe zu erklären, warum ich nichts trinke. Das sei ja wohl *unmöglich!* (Gemeint waren Alkoholika.) Ein zweites Drittel hatte ich auszuführen, warum ich keinen Führerschein besitze. (Fast alle an mich gerichteten Fragen führten immer wieder zu dieser einen.) Da entschied ich eines Tages, in die Freiheit der Kinder Gottes einzutreten – was meinetwegen für den Rest des Lebens so bleiben darf. Inzwischen manchmal ein Glas Wein, noch immer kein Führerschein. Trunken vor Sehnsucht freilich bleibe ich bis zum Tage, an dem mich die paradiesische Geborgenheit ergreift.

Nun aber – wie viele so unschön sagen: Zurück zur Sache! Nur ist die Aussicht auf ein Leben mit Milch und Honig eigentlich eine Sache? Also lieber: Wie geht es mit der Geschichte Moses weiter?

Antwort: Es geht immer weiter auf dem Weg in die Geborgenheit.

Schon bin ich wieder bei der Hütte, in der man Gottes Nähe ahnen kann, einen Vorgeschmack von Heimat. Ich wünsche mir, dass heilige Räume das Geheimnis wahren dürfen, weil sonst ihre Aura schwindet. Das gilt nicht nur für Kirchen, sondern auch für Künstlergarderoben und Stadionkatakomben. Fußballspieler scheinen zu leuchten, wenn sie auf das Spielfeld gehen. Ebenso die Künstler, wenn sie die Bühne betreten, auch Moses Angesicht glänzte, als er die Stiftshütte verließ (Exodus 34,35). Der Zauber bleibt gewahrt, wenn ich nicht sehen kann, wie sich die Künstler verkleiden oder die Rasensportler ihre Fußballschuhe schnüren. Deshalb hoffe ich, dass die Kabine heilig bleibt, es ist der Ort, an dem während des Pausentees schon Wunder geschahen. Ich will nicht aufgeklärt werden, dass es überhaupt keinen Pausentee mehr gibt, sondern isotonische Flüssigkeiten gereicht werden, ich will die Spieler auch nicht Apfel- und Bananenscheiben mampfend in Großaufnahme über Anzeigentafeln oder Videowürfel flackern sehen. Dazu Traineransprachen an die Mannschaft, live auf die Tribünen übertragen. Dann bin ich eher bereit, in Halbzeitpausen bis ans Ende aller Tage Werbung zu gucken. Denn die Kabine soll eins der letzten Geheimnisse bleiben. Auch das Innere der Stiftshütte, in der die Tafeln lagerten, wurde doch nicht millionenfach den Blicken frei gegeben. Sie gilt als wunderbar, weil sie ihren Zauber wahren durfte. Schlimm genug, dass die Garderoben für Fußballmannschaften ihre magische Kraft zu verlieren drohen. An diesem Verlustgeschäft beteiligte sich auch ein Film, ein Sommermärchen. Anlass: Ein Fußballland im Fahnentaumel. Es war warm, immer schien die Sonne und die Menschen jubelten, weil sie hofften, dass ein Spiel das Leben verwandeln könnte. Der Film zur Weltmeisterschaft wollte hinter die Kulissen, ins Hotel und in Stadionkatakomben schauen. Er nahm der Heiligkeit ihre Kraft. In der Kabine nämlich sah es gar nicht heilig aus, und die Atmosphäre im Mannschaftshotel glich einer Mischung aus Betriebsausflug und Klassenfahrt. Und nicht ein Satz aus dem Mund der Spieler erinnerte an die Momente, die auf dem Spielfeld aufblitzen können, ungeplant und ohne Taktiktafel. Zunächst waren die Fußballwochen ein Märchen, das Märchen aber endete als Dokument. Ein Sommer war zum Dokumentarfilm geworden. Gerüchte, Geschichten und Legenden über das heilige Kabinenleben fanden darin keinen Platz, man sah stattdessen Spieler, die nicht leuchteten. So war die Hütte profan geworden. Die Schönheit aber lässt sich nur genießen, wenn das Allerheiligste seine Kraft wahren darf. Und Märchen gibt es nur, wenn man Türen verschlossen hält, man auch Abstand wahren kann und von Ferne schaut – wie die Hebräer es taten, als Mose zur Stiftshütte wanderte, um in die Nähe Gottes zu tauchen.

Wer bereit ist, nicht jedes Geheimnis zu lüften, kann es wagen, sich auf Moses Spuren ins heilige Büdchen zu begeben. Dabei hilft, dem Staunen und Träumen nicht zu kündigen. Dann wird die Geborgenheit nicht fliehen, wenn man das Innere betritt. Man muss ja nicht gleich wie Josua ein Teppichleben führen, immer lag er auf dem weichen Stoff im Zelt. Ich war als Kind kein Josua, aber doch häufiger als nur die erwähnten Momente im Kiosk und in der Abenteuerspielpatzhütte. Einmal saß ich für mehrere Stunden in einem Zelt, das – nicht anders als die Stiftshütte – aus Stoffbahnen zusammengefügt war. Ein Feuer! In der Mitte züngelte es kräftig. Wir gehörten noch nicht offiziell zum Pfadfinderstamm und fanden entsprechend nur kleine Pfade, aber eben doch auch den, der in dieses große Zelt führte – es war im Winter. Ich hatte noch keinen Schwur getan und würde einige Monate später im Turnverein mein Laufbahnleben im Oval beginnen. Nun freilich saß ich im Zelt. Manche der großen Pfadfinder würden darin sogar schlafen, hieß es. Unvorstellbar groß erschien mir das, als sei die Stoffhütte ein einziges Abenteuer. Der fremdartige Gewürztee, der in meinem Becher landete, schmeckte bitter, die Kinderzunge war nicht abgebrüht, sondern ahnte intensiv das Leben. Man saß im Zelt. Dennoch war die Welt draußen nicht ausgeblendet: Geräusche, Düfte, Feuchtigkeit und Kälte – alles kann in Zelthütten nahekommen. An den Flammen entlang schaute ich nach oben, wo sich das Zelt öffnete. Ich sah, wie sich das Licht mit vielen Punkten energisch in den winterdunklen Himmel ausgestreut hatte. Dank der Offenheit ahnte ich eine andere Geborgenheit als die, die viele Menschen in Häusern suchen. Sie unterschied sich auch auf befreiende Weise von manchen Kirchen. Ich mag diejenigen, in denen das Licht ein Recht aufs Atmen hat. Weniger gefallen mir Trutzburgen, die den Himmel ausgeblendet haben, nur noch Höhle sind, ein Bauch, sehr düster. Da helfen – mir persönlich! – auch die Kerzen nicht. Damals im Zelt aus Stoff hingegen, war es hell trotz Winterdunkel, weil ein großes Feuer brannte, das stärker war als eine kleine, meinetwegen auch ewige Flamme. Es ist weder das Allerheiligste noch der Altar, die mich in Kirchen magisch anziehen, auch die Orgelempore ist nicht mein Lieblingsplatz. Nein, es ist die Sakristei, die mir besonders erscheint, jene Kammer also, in die hinein man normalerweise gar nicht sehen kann. Sie ähnelt der Kabine der Fußballspieler, falls diese das Geheimnis wahren darf. Die Sakristei erlaubt den Rollenwechsel. Man sieht allenfalls die Tür, aus der ein Mensch tritt, der – falls er bereit ist zur Verwandlung – weit über das hinaus erzählen kann, was er selber ist. Ich war schon einige Male in Sakristeien. Dort trifft man Kirchenälteste, die die Kollekte zählen, vor Chorkonzerten und anderen Auftritten kleiden sich Sänger, Musiker und Theaterleute um. Auch in meiner Zeit als Talarträger war ich in diesen mir heiligen Räumen. Zuweilen liegt diese Stube in der Ecke einer Kirche oder wurde kläglich angebaut. Die Sakristei – eine Randexistenz. Häufig erinnert sie an eine Bude, provisorisch und unaufgeräumt, ein Hinterzimmer. Dann wieder ist sie wie die Stiftshütte mit Teppichen ausgelegt, gemütlich und würdig – bereit zur Intimität mit Gott. Als dort Gott zu Mose wie zu einem Freund redete, hat es anders geklungen, als wenn Arbeitgeber und Arbeitnehmer miteinander sprechen. Denn Mose durfte alles sagen. So kann es in der heiligen Hütte sein, in der Sakristei. Gerade weil das Leben nicht immer lieblich, sondern oft provisorisch ist, muss es solche Orte geben. Als ich im Vogelsberg als Vikar einmal die letzten Augenblicke bis zum Beginn einer Trauerfeier in der Sakristei verbrachte, hatte ich einen wunderbaren Ausblick hinaus auf sanfte Höhenzüge. Im Rücken lag die Tür, die in den Kirchenraum führte, wo die Beerdigungsgesellschaft stumm wartete. In der Sakristei, in dieser kleinen Hütte, ist man allein. Es blieb die Möglichkeit, Gott als Verbündeten anzusprechen, als der Zeitpunkt immer näherrückte, dass ich durch die Tür die Sakristei verlassen würde. Wieder wusste ich nicht: Was sollte in der Trauer tragen?

Allenfalls, dass man ohne Macht ist, die Macht woanders ist, ein anderer sie hat – und der Mensch, der sich machtlos fühlt, diese Ahnung zuweilen am Rand des Lebens und in Hütten empfangen kann. Denn die Hütte behauptet erst gar nicht, ewig sein zu wollen – sondern erzählt, dass noch etwas kommen könnte, das einen aus der Ohnmacht heraus in die Heimat trägt.

In Kirchen suche ich den Vorgeschmack auf solche Geborgenheit bisweilen vergebens. Viele wirken, als ob sie die Ewigkeit besitzen wollten. Und manche gottesdienstliche Feiern werden begangen, als wagten sie nicht, die Fremdheit des Lebens auszuhalten. Dann wirkt die Heimat ganz schön abgesichert. Dabei war es doch die Fremdheit, die die Hebräer in Bewegung setzte, um Heimat überhaupt erst finden zu können. Die Stiftshütte ist kein aus Stein gebauter Tempel, sondern bleibt ein Zelt, das sich aufschlagen, genauso leicht aber auch abbauen lässt. Und mancher Sturm wird diese Hütte auf der Wanderung zum Gelobten Land umgeworfen haben. Auch Gott, der sich per Wolke in sie senkt, ist dort – anders als Josua – nicht unablässig zu Hause. Vielleicht nur in Augenblicken, etwa, wenn das Leben zerbrechlich erscheint oder ein Kiosk eine Süße ahnen lässt, die sich erst künftig betreten lässt. Selbst als Israel viele Generationen später die Tafeln im Tempel in Jerusalem aufbewahrte, behauptete man nicht, dass dieser Kultort Gottes ständige Heimat sei. Prophetische Visionen erzählen, dass der Tempel nicht für immer stehen bleibt, sondern beweglich werden kann. So wahrten sie den Zauber der Stiftshütte noch in Zeiten, als man sesshaft war. Häuser und Hütten werden niemals ewig bleiben, wie auch das Gottesvolk nicht für immer am Berg Sinai zelten, sondern weitergehen wollte. Friede den Hütten! Sie sind heilig. Denn in die Vorläufigkeit hinein kommt die Geborgenheit zu Besuch.

Die Musik rettet

Silberne Trompeten

Endlich schlug man Krach! Genauer gesagt: man blies auf lärmende Weise. Es tönten die Trompeten – und das Volk brach auf. Die Israeliten waren während ihres Dauerzeltens fast schon weggedöst: Wolken zogen, die Feuer- und Wolkensäule jedoch stand still, Zeit verging, Wolken zogen immer noch, die Nomaden aber saßen. Drei Monate hatten sie von Ägypten bis zum Berg gebraucht, neun Monate dort verbracht. Schon waren sie ein Jahr älter geworden. Manche fragten sich, ob ihnen Gott die Wüste als Paradies unterjubeln wollte: Ob er selber nicht mehr weiter weiß? Die Geschichten von der fernen Heimat, dazu die Worte auf den Tafeln klangen schön. Durch wiederholtes Erzählen waren sie noch lebendiger geworden. »Aber es sind doch nur schöne Worte. Wir brauchen klare Zielvorgaben!«, forderten sie von Mose. Der künftige Wegverlauf war noch immer unbekannt, das machte Angst. »Wo wollen wir in einem Jahr stehen?« Mose zuckte die Achseln. Auch die Wolken- und Feuersäule stand still, Gott ließ immer nur Manna, niemals einen Lageplan vom Himmel fallen. Terminkalender? Fehlanzeige. Auch gliederte Mose die Verheißung des Landes nicht in Feinziele auf, über die das Volk so sehr ins Diskutieren gekommen wäre, dass es das große Ziel, den Weg in die Geborgenheit, vergessen hätte. Gott aber sagte zu Mose: *Mache dir zwei Trompeten von getriebenem Silber und gebrauche sie* (Numeri 10,2).

»Was soll das werden?«, fragten die Hebräer den Instrumentenbauer Mose. »Auf jeden Fall wird es nicht leise klingen«, gab er zurück. Hm, hm – die Neugierigen wiegten den Kopf. Ob man damit nicht die Tiere, die Natur ganz allgemein, natürlich auch sensible Nachbarvölker, dazu Nachtruhe und Mittagspause stören würde? »Der Boden, auf dem wir stehen, gehört uns schließlich nicht. Wir haben die Erde doch nur geliehen!« Mose sagte nichts, sondern bastelte weiter an den Instrumenten: »Wir werden das Gelobte Land noch wegen einer Mittagspause verpassen«, fürchtete er. »Was der immer nur für Ideen hat?«, wunderten sich die anderen, gingen fort, um bald wieder vorbeizuschauen: »Mose, Mose, hör mal, wir haben auch eine Idee!« Da gäbe es nämlich ein Land, das übrigens auch ihm nicht ganz unbekannt sei: Da lässt es sich gar nicht übel leben. Man müsse sich mit der Vergangenheit auch mal versöhnen. »In spätestens drei Monaten können wir schon wieder zu Hause sein – was meinst du?« Mose arbeitete noch intensiver und hoffte auf einen Schall, der so laut dröhnte, dass ihm niemand mehr mit ägyptischen Hängemattenfantasien in den Ohren liegen würde. Und dann: Trompetenstöße rissen ein Volk aus seiner Lethargie. Die letzte Etappe stand an. Die Bahnen der Zelte wurden eingerollt, man packte die Tafeln ein und auch die Wolkensäule zog endlich wieder los.

Trompeten besitzen die Kraft, Menschen aus Stillstand, Müdigkeit und Routine zu wecken. Sie versetzen in Aufbruchstimmung – das haben meine Ohren einmal heftig erlebt. Es geschah in einer Gegend, wo kirchliche Posaunenchöre so viele Bläser haben, dass Gottesdienstbesucher in die Minderheit geraten. Der Altar war auf glänzende Weise zugestellt, als ich im Vulkangebirge die Dorfkirche erstmals zu einem Trompetengottesdienst betrat.

Der Pfarrer fiel kaum auf. Zum Altar ging er durch eine schmale Gasse, die ihm die Blechblasinstrumente gelassen hatten. Golden und silbern schimmerten sie. Nicht alle Kirchenbänke waren besetzt – einerlei. Selbst wenn es so gewesen wäre, hätte es an der folgenden Irritation nichts geändert. Der Posaunenchor sollte den Gemeindegesang begleiten, was normalerweise die Orgel tut. Ich richtete mich auf ein gewohntes Geschehen ein, das Gegenteil trat ein. Ich sang, hörte freilich keinen Ton von mir – und nicht nur das: Auch sonst vernahm ich nicht eine menschliche Stimme. Sollte vielleicht gar nicht gesungen werden? Ich schaute vom Gesangbuch auf: Die Besucher öffneten ihre Münder, trotzdem drang kein Laut von ihnen in mein Ohr. Seltsam. Längst war ich zum Klangforscher geworden, hielt mir die Ohren zu, um vielleicht durch den nun etwas gedämpften Posaunschall hindurch meine singende Stimme zu ahnen. Wieder nichts. Also sang ich – selbstverständlich verhalte ich mich in der Kirchenbank sonst nie so ungezügelt – nochmals lauter. Wieder nichts. Und dann? Ich riss den Mund so weit auf, wie ich nur konnte. Da meinte ich einen entfernten Schimmer Singen von mir zu hören, der sich in den Schall von Posaune, Trompete und Tuba mischte. Ich hörte es weniger, sondern spürte es, ich vibrierte inmitten des großen Halls, den sich die Kirchenwände wellenartig zuwarfen. Ich schwamm in einem Meer von Klang, es gelang ohne Armzug, kein Beinschlag war nötig. Dann sank ich immer tiefer, ging freilich nicht unter. In mir brach etwas auf, als ich den Lautstärkerekord meines Lebens aufstellte. Ich erzielte ihn in meinem ersten Posaunengottesdienst, in der Dorfkirche zu Eudorf anno Domini 1997.

Die Musik kann Menschen öffnen und einen Weg bereiten, der in die Geborgenheit führt. Entsprechend dröhnte es gewaltig, als die Hebräer zu ihrem letzten Wegstück aufbrachen. Unter dem Klang der Instrumente löst sich etwas, man ist nicht mehr verschlossen, hat mit dem Leben nicht abgeschlossen. Die Gewissheit klingt fein und laut: Fortan wird man die Tage nicht mehr verschlafen. So werde auch ich regelmäßig zum Trompeter, ohne je in das Instrument geblasen zu haben. Dennoch fühle ich mich an das ekstaseartige Posaunenchor-Erlebnis erinnert, wenn ich selbst in tönende Bewegung gerate. Ich bin ja auch nur ein Instrument, ein Körper, der geschaffen worden ist, um zu klingen. Es geschieht so gut wie nie beim Diskutieren, eher beim Erzählen, immer aber dann, wenn ich Töne absichtslos von mir gebe. Beim Niesen etwa lässt der Körper alle Hemmung fahren. Also will ich niesend singen und klingen – aber kein gezieltes Forte von mir geben, nur weil das in Notenblättern steht. Ich möchte schlicht nach draußen dringen lassen, was in mir wohnt, damit mein Klang fröhlich spazieren oder rennen geht. Insbesondere Kinder sind dafür gute Lehrer, bei ihnen handelt es sich um glänzende Trompetenkünstler – ganz ohne Instrument: Sie rufen frei und groß, es klingt nur selten heiser. Ihr Ton wurde eben noch nicht so oft eingeklemmt, gehemmt. Sie denken auch nicht ständig, was die anderen denken, wenn sie singen und klingen. Das kindliche Rufen erinnert daran, dass man nicht geboren ist, um leise zu werden, sondern um lautstark loszuziehen. Wie wäre ohne Aufbruch denn sonst Ankunft möglich? Der Mensch ist nicht dazu da, um sich Töne von der Zunge abzusparen. Wobei Zunge ohnehin nicht treffend ist: Wenn der Körper tönend vibriert, spielt der Rumpf eine entscheidende Rolle – der freie Klang wird also in einem lustvollen Bereich geboren, der in religiösen Erbauungsbüchern eher selten Erwähnung findet. Aber selbst die Zehen sollte man beim körperlauten Trompeten nicht unterschätzen, dem vollgestopften Kopf indessen wird eine Nebenrolle zugewiesen. Wie gut das tut. Schon ist das Kopfweh verflogen.

Verzeihen Sie die Unterbrechung, ich frage mich: Ist das Buch, das Sie gerade lesen, eigentlich ein Erbauungsbuch? Journalisten bitten den religiösen Autor zuweilen im Interview: »Was raten Sie den Menschen denn? Was sollen sie nur tun?« Nie wollte ich Ratgeber werden, auch keinen schreiben, weil ich hoffe: Der Klang der Sprache und die biblische Poesie helfen mehr als jeder Tipp. Sie können rat- und rastlose Gemüter beruhigen und zugleich phantastische Kräfte wecken. Ich schreibe, um am Ende – hoffentlich – einige schöne Sätze stehen zu lassen, die mehr erhoffen als das bekannte Land, in dem das unablässige Diskutieren mit und ohne Podium knechtet, dazu Menschen, die erklären und raten, wie man das Leben wieder auf die Reihe bringt. Als ob es ratsam sei, ein Leben von der Stange zu führen oder in Reihe zu marschieren. Wie erfrischend dagegen ein Klang, der das Land der Geborgenheit ersehnt. Es ist nicht mehr fern. Dort ist man so frei, damit aufzuhören, unterwürfig und mit nörgelnder Miene ein Leben zu fristen, das nicht das eigene ist. Meiner Ratschlagabstinenz zum Trotz werden meine Bücher zuweilen im Genre *Lebenshilfe* angesiedelt. Wenn sie dem Leben tatsächlich dienen sollten – welche Ehre! Dem Genre entsprechend will ich mir erlauben, anlässlich meines anstehenden zehnjährigen Schreibjubiläums als Autor den ersten expliziten Ratschlag in mein bisheriges Schaffen einzufügen. In diesem musikalischen Fall kann ich nicht anders. Also aufgepasst: Vorhang auf zur Premiere. Liebe Leserin und lieber Leser, ich gebe einen Rat, wie man dem Gelobten Land nahe kommt.

Erinnern Sie sich bitte an einen bestimmten Augenblick in Ihrem Leben, auch wenn Sie sich an ihn faktisch nicht erinnern können – was übrigens jedem so ergeht. Sie kennen diesen Moment trotzdem, behaupte ich, er liegt in Ihnen. Sie brauchen für diese bekannt-unbekannte Erinnerung kein Seminar zu buchen, keine

*Therapie, mein Rat ist im Preis des Buches enthalten. Dieser Augenblick – er war nicht schlimm, sondern eine tönende Befreiung, als Sie und ich nach der Geburt nichts anderes taten als zu schreien. Da waren Sie längst frei. Und niemand hat den Schrei verboten, selbst wenn Sie am Sonntag, nachts oder in der Mittagspause das Licht der Welt erblickten. Ich rate Ihnen, wenigstens ab und zu so zu sein, wie Sie es im Anfang waren: Laut! Machen Sie gefälligst Lärm – so sehr, dass den Sklavenhaltern des Lebens das souveräne Lächeln im Gesicht gefriert. Das Gelobte Land wird es Ihnen danken – und Sie selbst werden so sein, wie sie im Grunde schon immer waren und werden wollten. Tut dieser Ratschlag weh, weil Sie lieber leise bleiben? Trauen Sie dem Schreien nicht, das Sie frei zum Klingen bringen kann? Die Wahrheit ist: Sie haben den Rat längst ausgeführt – zu Beginn. Und Gott hatte daran Wohlgefallen, der dich aus Ägyptenland, der schweigenden Knechtschaft entführen will, auf dass du laut jubelst und dir's wohlgehe in dem Lande, das dir der **Herr**, dein Gott, geben wird.*

Das wäre auch ein schöner Satz, der auf dem Grabstein stehen könnte: *Sie hat gelärmt.* Oder: *Leise war er nicht gerade.* Zu viele haben den Ton in sich und in anderen schon bändigen wollen. Aber wir leben doch nicht im Zoo! Tierisch schön ist es, auf freier Wildbahn oder unter der Dusche zu rufen und zu singen. Einfach so. Nackt. Denn Gott wollte das von ihm erwählte Volk frei von Fesseln haben. So bliesen die silbernen Trompeten zum Aufbruch, und das Volk antwortete mit trötendem Dröhnen. Anders kann es nicht gewesen sein, denn mit gebremster Stimme lässt sich der nahen Heimat kein Lob zusingen.

Ich muss ein mögliches Missverständnis beseitigen, damit es den Weg in die Geborgenheit nicht versperrt. Wenn ich den feurigen Trompetenschall ohne Instrument rühme, meine ich damit nicht jenen Krach, der deprimiert. Kaum auszuhalten und in diesem

Falle schrecklich laut sind etwa Handygespräche, die ich Wort für Wort mithören muss. Nur weil ich dummerweise einen Zug erwische, in der mimikfreie Anzugsträger die Mehrheit übernommen haben. Sie rufen überhaupt nicht musikalisch, erklären aber furchtbar deutlich dem kleinen Apparat, an welchem Tag, an welchem Ort und auf welche Weise sie welches Geschäft abschließen werden. Und dann das nächste und übernächste und nochmals ein Geschäft weiter. Manchmal denke ich: Ob überhaupt ein sprechendes Gegenüber existiert? Die Telefonierer verstehen sich als Eigentümer des Zugabteils, ihr Sprechen ist für ein Publikum bestimmt. Trotzdem klingt die deutlich artikulierende Stimme nicht frei. Ich höre keine persönliche Nuance, sondern ein Sprechen, das einem allgemein gebotenen Einheitsklang Tribut leistet, verwechselbar und austauschbar. Mich bedrängt ein Krächzen, das sich in Formeln erschöpft. Messtechnisch betrachtet ist das Trompeten natürlich lauter, nur irrt die Dezibeltabelle in diesem Fall. Sie gibt nicht Auskunft darüber, wann sich vom Menschen ein Ton löst, der wie entfesselt klingt. Dieser Klang ist schön, es handelt sich um wunderbaren Lärm, der den Menschen in das Land der Freiheit bringt.

Außerdem legte das Volk der wandernden Trompeter auch Pausen ein. Die silbernen Instrumente, sagte Gott zu Mose, sollen nicht ständig, sondern in bestimmten Fällen geblasen werden. Beim Aufbruch kräftig! Genauso auch, wenn Feinde nahen. Eine biblische Klangempfehlung, die heutzutage irritieren kann, zumal das Wort Feind fast aus dem Alltagswortschatz gestrichen ist. Dabei gibt es genügend Menschen auch in Regionen ohne Krieg, die den Weg in die ersehnte Heimat verstellen. Sie wühlen beispielsweise im Leben anderer herum, damit diese nicht laut werden und am Ende auch noch ihre Träume leben und betreten. Diese Gegner kleiden sich mitunter ins Gewand von Freunden und empfehlen: »Bleibe sitzen und auch leise, mache langsam und buche wieder einmal Wellness, um dich zu erholen. Vor allem: vergiss nie den Feierabend!«Feinde, die den Weg in die Geborgenheit verstellen, streifen sich manchmal auch das Kleid von Helfern über. Sie richten ihre freundlich klingenden Empfehlungen gern an Eingeschüchterte:»Füge dich und sei realistisch: Der Mensch ist von Natur aus sündig. Er ist nun mal kein besonders schönes, sondern eher kleines, trübes Wesen, ständig macht er Fehler. Also bekenne, gestehe, sag es uns, dann wird es dir dank unserer Hilfe ein kleines bisschen wohler gehen.«

Natürlich, Mose und die Hebräer waren nicht perfekt, und auch die Menschen heute sind nicht fehlerlos – was meiner Meinung nach aber nur verstärkt wird, wenn man ihr Selbstbewusstsein in Fesseln legt. Außerdem wäre es mir recht, wenn solche, die Kleinheit der Menschen betonenden Helferfiguren es wagen würden, ihre Botschaft auch denen unter die Nase zu reiben, die sich mit einer Ich-mache-alles-richtig-Mentalität inszenieren. Auf den glitzernden Empfängen der Mächtigen und Alleskönner indes erfreuen sich so manche Prediger vom trüben sündigen Menschenwesen über jeden Händedruck, den sie selig lächelnd wie ein Autogramm verbuchen. Mir jedenfalls ist ihr Gerede nicht geheuer. Es empfiehlt ausgerechnet den Menschen, in denen wunderbare Schätze ruhen, sich mit einer Kleinheit zu arrangieren, die Gott für sie nicht vorgesehen hat.

In einem religiösen Ratschlagbuch las ich kürzlich:»Die Sehnsucht hilft, sich mit seinem durchschnittlichen Leben zufrieden zu geben, weil es ja noch etwas anderes gibt, das außerhalb vom Menschen angesiedelt ist.« Gegen solche vermeintliche Hilfe darf man mit biblischer Unterstützung antrompeten. Denn wie soll ich diesen Ratschlag verstehen? Der Durchschnitt, ein mathematischer Begriff, wird auf *Menschen* übertragen, damit diese nur nicht weiter auf Heimat, das Land ihrer unverwechselbaren Schönheit, hoffen. Durchschnitt – das ist eine abstrakte Größe, die mit dem konkreten Leben nichts gemein hat. Wie finde ich denn mein angeblich so durchschnittliches Leben? Indem ich die Lebensläufe aller Menschen auf der Welt summiere, um sie wiederum durch deren Anzahl zu dividieren? Ich bin noch keinem durchschnittlichen Menschen begegnet, jedes Leben ist individuell, niemand gleicht dem andern, sonst hätte er nicht geboren werden müssen. In jedem Menschen ruht eine Kraft, die die Fesseln abwerfen kann, die ihm diverse Gegner und gelegentlich auch religiöse Ratschlagbücher anlegen wollen.

Für mich heißt Sehnsucht, anders als in dem erwähnten, sich spirituell nennenden Buch, mich gerade nicht zufrieden zu geben. Natürlich gibt es etwas Großes außerhalb von mir, dem stimme ich zu – aber gerade das treibt mich doch auch an. So gesehen bin ich lieber unzufrieden, weil ich sonst nie loszöge auf den Weg in die Geborgenheit. Auf ihm begegnen mir rauschhafte Augenblicke, die mich erleben lassen, dass das Leben paradiesisch wird. Und wenn es am Ende auch nur ein einziger Moment dieser überschäumenden Geborgenheit gewesen ist – dann wird mein ganzes Leben ein Fest gewesen sein. Und selbst diesen Augenblick auch nur zu erhoffen, würde mir schon genügen. Dieses Sehnen ist fantastisch schön. Wer die Sehnsucht dagegen als etwas verbrämt, das immer sitzenbleiben lässt, klingt womöglich weich und ausgeglichen. Er verhält sich aber feindlich gegenüber der Geschichte des Mose, der nicht bis ans Ende aller Tage in Midian Schafe hüten wollte. Er glaubte an das Feuer. Ich halte mich lieber an die biblische Befreiungsgeschichte, die sich laut und musikalisch gegen Feinde wehrt, die einen mit Geboten zügeln wollen. Diese Gebote sind nicht im Geist der Zehn in die Steintafeln geritzten Worte gesprochen. Die göttlichen Worte vom Berg Sinai waren keine Ratschläge, um den Durchschnitt zu suchen. Sie waren gedacht, um frei zu werden und zugleich das Leben der anderen zu achten, also nicht, um deren wunderbare

Stimme zu stehlen. Denn solcher Raub war in Ägypten schreckliche Sitte.

Bei Feinden, die anderen empfehlen, klein und leise zu werden, handelt es sich womöglich um Menschen, die ihre Träume verloren haben. Sie versagen sich die in ihnen liegende Musik, die sie schön und eigen machen würde – und wollen deshalb auch die Klangquelle der anderen verstopfen. Sie wagen nicht, unter der Dusche zu singen – sondern haben dort vielleicht ein wasserdichtes Radio hängen. Es versorgt sie schon am frühen Morgen mit Nachrichten und Börsenkursen, damit sie gewissenhaft in das Leben außerhalb der Dusche starten, das furchtbar trocken ist. Der Aufbruch der Hebräer aber war erfrischend und laut. Gott wollte, dass das trompetende Volk gegen die antönt, die das Träumen verbieten wollen. Mit Argumenten und ruhigen Worten wird man diese Traumverächter selten los. Deren vermeintliche, dahingesäuselte Hilfe soll um Gottes willen nicht stumm erlitten werden. Die Befreiungsgeschichte des Mose empfiehlt, von nun an nicht mehr ruhig zu werden. *So sollt ihr laut trompeten mit den Trompeten, dass euer gedacht wird vor dem **Herrn**, eurem Gott, und ihr errettet werdet vor euren Feinden* (Numeri 10,9). Gott hört die Signale! Wer von anderen in die Enge getrieben wird, hat meist keine Kraft mehr, sich erfolgreich zu wehren, er findet aus dem Kampf nicht mehr heraus, ein Krieg geht nie gut aus. Rettung kann von oben kommen. Eine Trompete klingt häufig wie die zitternde, aufgewühlte Stimme eines Verletzten. Sie vibriert – und lässt auch andere vibrieren, steigert sich zu einem lauten, weinenden Klagen – zum Schrei! Gott soll es hören – dieses Klagen, das um Hilfe bittet. Es ist Musik, die retten kann. Gott will gerufen werden. So trötet man in Richtung Himmel, damit er einen schütze. Das ist kein Aufruf zum Heiligen Krieg, ich verstehe es als Hilfeschrei von Menschen, die Geborgenheit ersehnen, diese aber nach dem Willen anderer nicht leben dürfen.

Dann bleibt Musik. Die Stimme soll brausen und sausen! Es ist die Wut, die Gott prüfen will, ob er zu seinem Wort steht und mit mir geht.

Die Musik vermag alles, sie kann retten. Nicht nur im Aufbruch und im Kampf soll der Schall betören: *Desgleichen, wenn ihr fröhlich seid, an euren Festen und an euren Neumonden, sollt ihr mit den Trompeten blasen bei euren Brandopfern und Dankopfern, damit euer Gott an euch denke. Ich bin der **Herr**, euer Gott* (Numeri 10,10). Die Musik kann dem Erschrecken Stimme geben und leitet in den lachenden Überschwang hinein, sie soll Gott höchstpersönlich zur Feier lotsen, was in diesem Fall gemäß der Bibel nicht krachend, sondern eher melodiös geschehen soll. Ich gebe zu, aber erst jetzt, nachdem ich das freie Lärmen laut besungen habe: Ein leiser Klang kann ebenfalls berauschen. Gezeugt von einem intensiven Glühen, will auch er in das Land entführen, wo sich die Sehnsucht in Heimat verwandelt. Beim Feiern soll es klingen, damit Gott an die Festgesellschaft denkt, sie hört und klatscht und am besten selber auf die Erde kommt, um mitzufeiern. Es lebe das Konzertante, der Fanfarenklang und die Freiheit der Stimmen in und außerhalb von Kirchen – nicht nur in Gegenden, wo die Posaunen wohnen. Fenster müssen nicht geschlossen bleiben, niemand braucht sich das Singen zu verbieten. Im Gelobten Land hat niemand Angst, dass sich jemand als zu musikalisch erweisen würde. Und also begleitete der Trompetenklang das Leben der Hebräer, die zu lange still gewesen waren. In ihnen und unter ihnen lebte ein musikalisches Feuer auf. Die Wolkensäule fing zu tanzen an. Fast konnten sie schon das melodiöse Muhen der Kühe hören. Denn das Land, in dem Milch und Honig fließen, war nah.

Angekommen

Das Gelobte Land

Es fehlten nur noch wenige Schritte. Was sie angetrieben hatte und oft unmöglich schien, lag vor ihren Füßen. Vor zwei Jahren hatten sie die ägyptischen Fesseln abgelegt, sie waren dadurch aufgefallen – aber nicht ins Meer gefallen. Durst und Hunger hatten ihren Weg nur unterbrochen. Der Traum lag jenseits des Flusses, an dessen Ufer sie jetzt standen. Die Hebräer wateten nicht geradewegs hindurch. Nach all den Mühen schien das fast zu einfach. Also entschloss man sich, nicht ohne Sicherheit ins Wunderland hineinzugehen. Dem Erträumten sollten erst einmal Informationen abgetrotzt werden. Man holte Kunde ein. Traumexperten, Heimatkundler, Wissenschaftler mit Schwerpunkt Sehnsuchtsforschung wurden ausgesandt, um zu prüfen, ob große Träume begehbar sind. *Sie kamen bis an den Bach Eschkol und schnitten dort eine Rebe ab mit einer Weintraube und trugen sie zu zweien auf einer Stange, dazu auch Granatäpfel und Feigen* (Numeri 13,23). Als die Kundschafter zurückgekehrt waren, bestätigten sie: Der Weg in die Geborgenheit ist keine Lüge, das Gelobte Land real – die Erzähler, Dichter, Musiker und auch Mose haben Recht: *Wir sind in das Land gekommen, in das ihr uns sandtet; es fließt wirklich Milch und Honig darin, und dies sind seine Früchte* (Numeri 14,27). Sie breiteten Feigen, Granatäpfel, Trauben und weitere Früchte vor den Hebräern aus. Deren Lippen öffneten sich leicht, der Gaumen wurde feucht, weil über ihre Zungen schon bald die Süße rinnen würde. Ruhig floss das Blut bei keinem mehr. Und Kinder guckten zu der Rebe auf, die viel größer war als sie. Und die Quelle allen Glücks? Sie lag nebenan. Da wollten sie für alle Zeit hinübergehen – als die Forscher anfügten, nicht nur die Trauben seien groß: *Das Land, durch das wir gegangen sind, um es zu erkunden, frisst seine Bewohner, und alles Volk, das wir darin sahen, sind Leute von großer Länge. Wir sahen dort auch Riesen, Anaks Söhne aus dem Geschlecht der Riesen, und wir waren in unsern Augen wie Heuschrecken und waren es auch in ihren Augen* (Numeri 13,32.33). Da waren die Münder der Hebräer schon wieder trocken, die Gedanken kehrten zurück in die gewohnten Bahnen: »Sehnsucht enttäuscht, Heimat ist nur für andere da – Traum bleibt Traum und wird niemals Wirklichkeit.«

Der biblische Erzähler freilich schloss sich dem nicht an, sondern kommentiert: Die Warnung der Kundschafter sei ein Gerücht, nur ausgedacht, mochte es sich auch als ein Augenzeugenbericht tarnen. Die Kundschafter logen die Realität in einen Schrecken um. Die Bibel erzählt vom Gegenteil: Die Hoffnung der Hebräer war realistisch und ein Land, in dem man prächtig leben kann. Die ihre Heimat noch mit keinem Schritt betreten hatten, glaubten freilich nicht Gottes Freundlichkeit, sondern dem Gerücht. Der Traum erschien ihnen zu groß, als dass ihre Füße ihn berühren könnten. Oder anders gesagt: Man machte sich furchtbar klein. Denn die andern wurden nur deshalb als Riesen angesehen, weil die Wanderer noch immer nicht an die von Gott in ihnen angelegte Schönheit und Größe glaubten. »In Kanaan werden wir gefressen!«, riefen sie. Und: »Diese verdammte Sehnsucht zehrt uns auf!« Es klang panisch – trotzdem merkten sie stolz an, wie vernünftig sie doch wieder einmal seien. Dabei war die dunkel gefärbte Kunde von der Heimat ihrer Angst geschuldet. Sie brauchten nur durch den Fluss hindurch, um in der Fülle zu landen. Stattdessen logen sich die selbst ernannten Realisten erneut das alte Leben schön: *Wir denken an die Fische, die wir in Ägypten umsonst aßen, und an die Kürbisse, die Melonen, den Lauch, die Zwiebeln und den Knoblauch* (Numeri 11,5).

Es war wie im Theater: Der Vorhang wird sich jeden Augenblick öffnen, er zittert schon! Die Hebräer, die in der ersten Reihe saßen, standen aber genau in diesem Augenblick auf und verließen das Theater, noch bevor das Stück begonnen hatte. Oder umgekehrt: Menschen stehen hinter dem Vorhang auf der Bühne, nur einen Augenblick noch, dann erwartet sie ein Saal mit erwartungsvollen Gesichtern, die die Auserwählten feiern werden. Der Vorhang geht auf! Die Bühne freilich ist leer, weil die Künstler vor dem Überschwang des Lebens durch den Hinterausgang geflohen sind. Die Angst des Volkes am Grenzfluss lässt sich auch in dieses Bild kleiden: Der Prominente schlechthin ist angekündigt. Er will den beschenken, der lang genug ein viel zu enges Leben hatte fristen müssen. Gott selbst ist es, der die Preisrede auf den zu Ehrenden spricht – doch kaum sind die ersten Worte gesprochen, fällt dieser dem Laudator ins Wort: »Aber bitte – nein! Das ist doch nun wirklich nicht nötig.« Dabei hatte der Laudator gerade eine traumhafte Geschichte begonnen, die wirklich werden will. Sie ist mehr als notwendig, denn sie wendet Not. Erstaunlich, wie oft Menschen damit beschäftigt sind, allen möglichen Lobrednern ins Wort zu fallen. Sie wollen das Schöne und Unbekannte nicht sehen, das Gott und andere in ihnen erkennen. Dabei möchte das Land einen längst empfangen, in dem man seine Größe leben wird. Stattdessen wird das Gewohnte und Bekannte, das oft knechtet, mit schier unmenschlicher Anstrengung verteidigt. Wie irritierend groß diese Kräfte sind: Dienten sie der

Freiheit, könnten sie die Welt in ein Paradies verwandeln – ohne Befehl und Diktatur, allein mit Liebe und Phantasie. Stattdessen wird die Angst vor dem Unbekannten gepflegt, indem man sagt: »Dort drüben warten Menschen in festen Städten, die sich prächtig eingerichtet haben. Diesen Riesen wird es nicht gefallen, dass wir kommen, um unsere Träume zu leben.«

Vor einigen Jahren planten Freunde des Erzählens ein Kultur-Ereignis in der kleinsten Kommune jenes Landkreises, in dem ich wohne. Wir freuten uns auf die Premiere, waren über Wochen in diesen feinen und doch auch großzügig angelegten Traum hinein gewandert. Nur ein Fluss trennte uns gleichsam noch von diesem Gelobten Land – und wir saßen in der Tat oft genug auf dem Balkon mit Blick auf den Main zu unsern Füßen, die Weinberge vor Augen. Mit einem Mal aber schien ein riesiges, unsichtbares Ungeheuer aus dem Fluss aufzutauchen, das den Namen Panik trug. Im Gefolge: eine ungeheure Zahl von Riesen. Das fröhlich Ausgemalte, von dem uns nur wenige Tage trennten, war riesengroß geworden und schien gewaltig gefährlich. »Dürfen wir das denn?«, lautete die Frage. Kann eine unbekannte, sich provisorisch gefundene Volksgruppe öffentlich zu einer Lesung mit Musik und Wein einladen? Riesen werden uns fressen! »Wir haben keine Statuten, sind auch kein Verein.« »Die Polizei wird uns vertreiben!« Und dann wären wir, wer weiß, am Ende auch noch vorbestraft. Vermutlich war die größte Angst, dass das erträumte Land uns jubelnd, groß und wunderbar empfangen würde – das aber schien dann doch zu schön. Nein, da waren wir wohl lieber klein: Schuster, bleib bei deinen Leisten, Sklave, bleib in deinen Fesseln. Schon hatte das Ungeheuer den ersten Erzählfreund vom Fluss weggetrieben, da verließen auch die übrigen hektisch den Balkon. Dabei – das war kurios – hatten wir uns die Gefahr nur zusammengelogen. Denn wir waren mit unserem Traum längst im Gelobten Land angekommen und hatten es nicht wahrhaben wollen. Lässig ließ sich erkunden: Auch in der kleinsten Kommune des Landkreises, in dem wir das Geschichten- und Weinereignis planten, herrscht das verfasste Recht auf Versammlungsfreiheit – selbst für Menschen, die sich nicht in Vereinen gruppieren. So schön kann die Wirklichkeit sein. So wunderbar wurde sie dann auch, als wir es schließlich doch noch wagten, nicht dem hausgemachten Gerücht, sondern der traumhaften Realität Glauben zu schenken.

Es verhält sich oft nicht anders als bei den Hebräern an der Grenze zum Gelobten Land: So viele Schritte ist man schon gegangen. Und nun, da der nächste das Glück verheißt, stoppt man ab und erfindet schreckliche Dinge. So wird aus Träumern ein Volk von Meistern im Sorgenerfinden. Und niemand traut sich noch etwas zu. In der Schule, die ich besuchte, wurden viele Fächer unterrichtet, das war kein Einerlei. Als wir vor dem Abitur begannen, Berufe zu wählen, sprachen die ersten Jungmänner schon von ihren Familien, für die sie zu sorgen hätten – in fünf, zehn oder fünfzehn Jahren. Frühzeitig müsse man das beachten! Dabei gab es viele, die die Schulzeit über große Ideen gelebt hatten. In Kunst blitzte Frechheit auf. Einer etwa hatte glanzvolle Phantasien zu Papier gebracht. Der Geniale sprach: »Nein, das kann alles nichts werden.« Nicht nur Kunst, auch die Architektur schien ihm ein zu hohes Risiko zu sein. Unter uns gewann fast immer die Architektur der Finanzen – aus Angst. Wenn man sich trotz Träumen und Erwartungen dem Gelobten Land verweigert, befindet man sich in guter Gesellschaft mit den Hebräern. Auch ich hörte damals nicht auf die, die sagten: »Mensch, da kann aber einer erzählen und schreiben.« Nein, lieber schüttelte ich den Kopf. Ich traute es mich nicht – auch später, noch viele Jahre danach, zögerte ich, obwohl mir so mancher den Weg ins Gelobte Land ebnen wollte. Ich hatte die hebräische Angst und dachte: Irgendwie sollte ich es zu einem gefälligen und üblichen, allgemein anerkannten Leben bringen. (Bloß, gibt es das überhaupt: ein von allen anerkanntes Leben?) Die Hebräer wehrten die Bescherung ihres Lebens ab: »Wir können uns das Abenteuer nicht leisten – wegen unserer Kinder.« Das war vorgeschoben. Aus ihnen sprach nur die Angst vor ihrem Traum, der sie verwandeln würde. Die Kinder wären so stolz auf ihre Eltern gewesen, wenn sie an deren Hand den letzten Schritt in die Heimat hätten gehen können, die Gott für sie bereitet hatte.

Stattdessen aber konnte Gott, der Befreier, die Ausreden der Hebräer nicht mehr hören. Schrecklich klingt es, wie er reagierte, manche nannten es Strafe. Aber Gott wollte eben niemanden ins Glück zwingen. Das versuchen vielleicht Utopisten, die das Diktatorische in sich tragen, was regelmäßig in Katastrophen endet – das freilich war nicht Gottes Wille. Schweren Herzens akzeptierte er die Abwehr der Hebräer. Sie brachte bereits der bloße Gedanke an die Abenteuer aus der Fassung, die zwischen Milch und Honig warten würden. *So wahr ich lebe, spricht der **Herr**, ich will mit euch tun, wie ihr vor meinen Ohren gesagt habt* (Numeri 14,28). Sie, die Eltern, bräuchten nicht ins Gelobte Land hinein. *Eure Kinder aber, von denen ihr sagtet: Sie werden ein Raub sein, die will ich hineinbringen, dass sie das Land kennenlernen, das ihr verwerft* (Numeri 14,31). Eine furchtbare Enttäuschung sprach aus Gott, dem nichts anderes übrig blieb, als einzusehen: Die Hebräer waren noch nicht soweit. In die irre Winzigkeit, in die sie sich nun gleich wieder wünschten, würde Gott sie allerdings dank seiner wunderbaren Gnade nicht schlüpfen lassen. Nach Ägypten, wohin sie zurück wollten, ließ er sie nicht ziehen. Seinen Bund mit Israel löste Gott nicht auf. Stattdessen hieß es: weiterlaufen. Auch für Gott bedeutete das nicht wenig Mühe: Achtundreißig Jahre lang früh aufstehen, Manna backen und es regnen lassen. Nur am Sabbat nahm er sich frei.

Waren damit der Weg und alles Wandern, die bisherigen zwei plus die kommenden achtundreißig Jahre umsonst? Die Kinder würden später, wenn sie nicht mehr Kinder waren, die Heimat betreten. Die Eltern freilich gingen bis zu ihrem Tod im Zwischenland umher, nicht in Gefangenschaft, aber auch nicht in die Herrlichkeit. Es war traurig. Die Bibel erzählt, was man von sich selber kennt: Man nähert sich dem Großen eben doch oft nur Schritt für Schritt – und immer scheint da eine Grenze zu bleiben. Das Paradies erläuft man sich nicht von heute auf morgen, auch nicht in zwei Jahren. Dafür aber wurde ein Volk von Träumern, das den entscheidenden Schritt nicht gehen konnte, in den kommenden achtundreißig Wüstenjahren zu glänzenden Erzählern. Es wird der Anfang der Bibel gewesen sein. Zeit genug, das Erlebte in wunderbare Wortpassagen zu fügen, hatten sie ja nun. Und wie das bei köstlichen Geschichten ist: Ihre eigenen Schwächen ließen die Erzähler nicht weg, malten sie oft komisch aus. Sie erzählten ehrlich, verschwiegen nicht das Unverständliche und breiteten auch gern Gottes kuriose Eigenheiten aus. So gaben sie ihrem Traum ein Denkmal, das nicht schweigt, weil es sich bis heute immer neu erzählen lässt. Und trotzdem bin ich enttäuscht, weil sie an der Grenze zum Traumland gestanden haben, um dann noch zurückzuweichen.

Aber Mose! Er, der vor dem brennenden Dornbusch sein inneres Glühen wiedergefunden hatte, würde sich mit diesem Ausgang doch nicht arrangieren? Die Bibel freilich erzählt, er habe ebenfalls an Gottes Kraft gezweifelt (Numeri 20). So würde auch er – ausgerechnet er! – das Gelobte Land nicht betreten. Da sah er kaum noch einen Sinn, weiter durch die Wüste zu wandern. Vierzig lange Jahre täglich Manna im Mund. Der Geschichten von Milch und Honig war er müde geworden, die Zähne taten längst weh, ohne die paradiesische Süße je genossen zu haben. Vielleicht hatte Mose schon keine Zähne mehr und musste Wachteln und Manna im Mund zu Brei zergehen lassen. Manchmal dachte er an Midian zurück, wo er seine Frau Zippora kennengelernt hatte: Was wäre passiert, wenn er den brennenden Dornbusch übersehen hätte? Nun schien auch Mose schon so weit, sich sein altes, einst als schrecklich fremd empfundenes Leben gemütlich zu reden. Damals hatte er im Haus des Schwiegerpapas gelebt: Hätte er sich nicht emporarbeiten und eines Tages in einen kleinen Anbau im Garten ziehen können? Vielleicht wären noch weitere Kinder dazu gekommen. Zwei Söhne hatten sie, womit man in religiös geprägten Milieus fast als Familien-Boykotteur gehandelt wurde. Ja – wären die Schafe damals nicht zum Dornbusch gerannt, hätte er sich viel ersparen können, sich bestimmt auch etwas angespart. Ein neues Sofa ist ja auch nicht schlecht, in der Wüste hatten sie noch nicht einmal ein altes. Und seine grenzenlose Sehnsucht nach Geborgenheit, die ihn in Bewegung gesetzt hatte? Vielleicht hätte sich das mit dem Heimischwerden in Midian von selbst ergeben, wenn er sich nur oft genug auf Sofas in der Nachbarschaft gesetzt hätte, sauber eingefügt in ein Leben als Kuschelexistenz.

Er aber hatte mit dem Stab Gottes eine Diktatur weggezaubert, an deren Stelle jahrzehntelanges Wandern getreten war. Inzwischen lagen in der Wüste viele von denen begraben, die mit Mose zusammen aufgebrochen waren. Er lebte noch und wusste doch – es würde nicht mehr lange sein. Eine große, seine letzte Frage aber war bis jetzt mitgewandert: Ob Gottes feuriges Versprechen vom Gelobten Land, das ihn vor mehr als vierzig Jahren entzündet hatte, reine Illusion gewesen sei, ein Fantasiegebilde ohne jeden Bezug zur Erde, auf die er unablässig trat? Da erbarmte sich Gott: *Geh auf das Gebirge Abarim, auf den Berg Nebo, der da liegt im Lande Moab gegenüber Jericho, und schaue das Land Kanaan, das ich den Israeliten zum Eigentum geben werde. Dann stirb auf dem Berge* (Deuteronomium 32,49.50).

Mose kletterte – er konnte es immer noch! Und er überlegte: Vielleicht war das ständige Wandern doch sinnvoller gewesen als eine lebenslange Existenz als Sitzgruppenteilnehmer? An seine nach und nach im Wüstensand gelassenen Zähne wollte er nicht denken. Die Augen waren noch scharf, seine Körperkraft nicht verfallen, was vielleicht daran lag, dass er niemals von der Sehnsucht lassen konnte? (Deuteronomium 34,7) Als er neununddreißig Jahre zuvor den Sinai bestiegen hatte, konnte er nichts erkennen. Diesmal, auf dem Abarim-Massiv, verstellte nicht eine Wolke seinen Blick. Und Mose sah das Panorama seiner Sehnsucht, sein inneres Feuer, alles das, was ihn im Leben angetrieben hatte. Scharf lag es vor seinen Augen. Das war kein Opium für Mose, fühlte es sich auch rauschhaft an. Es handelte sich nicht um eine Realität zweiter, sondern erster Klasse, war viel mehr als nur ein Traum, sondern beides zugleich, Sehnsucht und Wirklichkeit in einem – so weit die Augen sehen konnten. Ein Träumer stand auf dem Berg, mit beiden Beinen in der Wirklichkeit.

Zu Mose gesellen sich alle, die schon einmal träumten und ein Feuer in sich spürten – eben jene, die zu glauben wagen, dass es eine Heimat gibt, die schöner ist als Gefangenschaft. Da sind Nomaden, die endlich sesshaft werden wollen. Sitzende sind zu sehen, die bald tanzen werden. Auf dem Plateau versammeln sich Getriebene, die endlich liegen wollen. Die sich vergebens Kinder wünschten, sehen ihre Familien vor Augen. Und die am Familienzwist ersticken, entdecken ein Kämmerlein für sich, in der die Freiheit herrscht. Die im Regen stehen, sehen Sonne. Und wer vor der Sonne flüchten muss, badet im Regen. Sie alle heißen Mose, der mit dem Schauen an kein Ende kommen will. Und die als Kinder Bilder malten, haben sich zu seinen Füßen gelagert, sie legen jetzt die ganze Welt in Farben, damit sie freundlich werde. Die es satt haben, immer kochen zu müssen, werden bedient. Und die auf der Bühne ihres Lebens leer geworden sind, sitzen im Publikum und dürfen Lieder hören. Fußballstars, die sonst immer nach der Pfeife des Beraters hüpfen, fangen an zu denken. Und Wortakrobaten müssen nicht mehr kluge Worte über die philosophische Bedeutung des Fußballs von sich geben, sondern dreschen gegen einen Ball. Sie alle schauen ihre Wünsche als Wirklichkeit, sehen über die Grenze hinaus und beginnen, jegliche Begrenzung zu verlachen, das war ein Rausch, der die letzten Meter eines langen Weges beschreiten wollte. Es wartete das Wunderland, dass Gott für die Träumer bereitet hatte.

Längst schon stehe auch ich bei Mose und den Träumern auf dem Berg. Und es geschah, dass ihm das Geschaute trotz seiner scharfen Augen verschwamm. Er sah auf sein Hoffnungsland, dann darüber hinaus zum Horizont und tief in sich hinein. Und alles mündete in eine letzte große Überblendung. Sehnsucht und Wehmut wurden eins: »Nie! Nie werde ich das Land betreten«, erkannte Mose. Und sah, dass er längst dort gewesen war. Und ich? Ich habe den Stock in meiner Hand, mit dem ich zum Schwimmbad wanderte, das Freibad ins Tal geschmiegt, dazu den Honig auf den frischen Brötchen im Sommerland. Und dann: ein Schluck im großen Durst, und Mose lächelte, als er daran dachte, wie sie aus dem Meer gestiegen waren – und lärmten wie noch nie. Mirjam und die Frauen hauten auf die Pauke. Sie hatten es in ihrem Leben bis ans andere Ufer gebracht – und ich zu einem frisch gebackenen Kuchen. Und am Hang, zwischen den Weinreben – da geht sie tänzelnd, die alte Frau, die ich vom Berg her kenne. Sie kümmert sich nicht nur um Milch, sondern auch um Wein. Sie lächelt und ich lache mit ihr um die Wette. Das war auch so etwas: Ständig verliebte ich mich in Menschen, die älter als achtzig waren. Und Mose? Der war jetzt hundertzwanzig Jahre alt und Gott noch ein bisschen älter, überlegte ich, als ich mich keuchen hörte, dazu das Zauberwort: »Über die Fuchsberge müssen wir noch.« Und wie die Trompeten dröhnten! Kostbar sind die Tafeln, all die Worte, die Mose mit eigenen Händen geschaffen hat, nein, das war nicht umsonst. Unten im Tal befanden sich die poetischen Steine in sicheren Händen. Neununddreißig Jahre hatten sie schon überlebt, und mit jedem Jahr waren ihre Sätze schöner geworden. Die Worte munden wie Manna, wenn ich sie mir auf die Zunge lege, dazu Milchbrötchen und Wasserweck – welch ein Panorama!

Noch immer aber tönten Rufe aus dem Tal herauf: Ist Mose nicht gescheitert, da er die Heimat niemals unter seine Füße bekam? Das Wort *Scheitern* hatten freilich auch nur die erfunden, die in ihrem Leben noch nie auf einem Hügel standen, nicht nach oben oder in den Himmel schauen – und folglich weder Höhepunkt noch Aus- und Fernsicht kennen. Sie verlieren natürlich nie, weil sie ein Leben führen, das ohne jeden Wunsch auskommt. Mose aber hatte ans Gelobte Land geglaubt. Er sah es wirklich, seine Füße standen auf dem Berg, von dem er es betrachtete. Nie würde Mose das Land betreten, und doch war er so oft dort gewesen – er, ein Wanderer, sonst nichts. Gerade das war es gewesen, was ihn das fantastische Panaroma der Ankunft betreten ließ. So viele hatten zu ihm und seinen Träumen *Nein* gesagt, Gott hingegen *Ja*. In diesem Augenblick stimmte Mose beidem zu. Das war der letzte Schritt – und endlich war er angekommen.

Georg Magirius, geboren 1968, hat evangelische Theologie in Marburg, Münster und Heidelberg studiert. Er arbeitet als Journalist für mehrere ARD-Sender sowie verschiedene Zeitschriften und Zeitungen. Er ist Autor zahlreicher Bücher, in denen er biblische Mythen auf überraschende Weise mit der Gegenwart verknüpft.

Georg Magirius lebt in Frankfurt am Main und am Fuße des Spessarts.

In seinen Lesungen spielen Wort und Klang ineinander, Musik und Geschichten ergänzen sich und laden die Phantasie ein, auf Reisen zu gehen. Kontakt: www.georgmagirius.de

Einfach leben

Georg Magirius
Vom Reichtum des einfachen Lebens
Auf den Spuren Jesu Alternativen
entdecken

Format 20,5 x 13,5 cm
172 Seiten
Paperback
ISBN 978-3-7867-2596-1

Leistung, Geld und üppige Urlaubsreisen – das Prinzip hat mit
den Jahren Sinnrisse erhalten. Die fetten Jahre sind vorbei. Der
Autor erzählt davon, dass ein einfaches Leben nicht als Ein-
schränkung verstanden werden muss. Vielmehr hat
die Geschichte des Jesus von Nazareth Pate gestanden. Jesu
Art in die Stille zu gehen, zu feiern und zu genießen, die
Kunst, durch Zuhören Menschen zu heilen – das alles sind
Kostbarkeiten einfachen Lebens. Ein anschauliches, poetisches
und persönliches Buch über die Sehnsucht nach dem Reichtum, der in jeder und jedem schlummert.

Matthias-Grünewald-Verlag
der Schwabenverlag AG
www.gruenewaldverlag.de